金谷 憲 著

英語教育熱

過熱心理を常識で冷ます

研究社

まえがき

相変わらず英語教育を巡る論議は熱を帯び、特に小学校英語導入是非を契機に、ますますエスカレートしている感がある。こうした議論を見ていると、日本人には、痛々しいばかりの英語能力願望があることがわかる。

しかし、その願望のために目が曇ってしまっている。常識(コモンセンス)が停止してしまっている。日常の常識で考えれば、すぐにおかしいと気づくことまでが、理解できなくなってしまっている。不毛の議論が繰り返し行われることになる。こうなると、これは教育学の対象というよりも、社会現象として社会学の対象になるのかもしれない。

例えば、「何年も学校で英語を勉強しているのに、ちっともしゃべれるようにならない」などという英語教育批判がこの典型例である。母語である日本語を自由自在に操れるようになるまでに、どれだけの年月を要し、どれだけの日本語に触れたかを考えれば、自ずと理由は理解できるはずである。専門的知識が特に必要なことではないだろう。

今回の企画は、常識(コモンセンス)で考えれば、おかしい、あるいは不可能である、ということがすぐわかることが、なぜ大々的に主張されるかを、例をあげながら考えることで、社会現象としての英語教育熱とその影響を分析することを目的としている。

このことによって、不毛の議論を少しでもなくすことができるのではないか、と私は考える。また、この時期にあって、議論を整理しておくことは、これからの英語教育改革にとって有益である。さらに、日本が国際社会でいかに生きていけばよいかということを考えるためのヒントにもなりうる。

本書のスタイルとしては、私の実体験から得た思いも含めて、エッセイ風、評論風にまとめたい。研究書という形はとらないということである。十分にデータがあるわけではないことにも、踏み込んで論じるためである。

私は英語教育を生業として三十年近く過ごしてきた。その前も学生、大学院生として英語教育を考えることが多かった。その間、何度も、「何でもっと常識で考えないのかなあ」と思わされる事件(?)にいくつも遭遇した。

「常識で考えないのかな」と言っても、そう感じさせる人々が「非常識だ。けしからん」という気持ちではない。あくまでも、「常識で考えればそんなに難しい問題ではないのに」と私が思うことについて、なぜか常識では考えないように見える意見が示されたり、議論がなされたり

するのが大いに不可解だったわけである。

今回、研究社からこうした私の疑問と、それへの一応の解答をまとめる機会を与えていただいた。この本はまさに随想という形のもので、読者諸氏もエッセイ(妄言?)として受け取っていただきたい。

全編を通じて、戦争のアナロジーが多く出てきたり、唐突に太平洋戦争のお話と関連づけたりしている箇所がたくさんある。読みにくくなっているとしたら、お詫び申し上げたい。しかし、これには私なりに理由がある。

高校生時代、私は友人から「戦争博士」と呼ばれたことがある。戦争が大好きで、どうしても戦争したいと思う体質にあるという意味ではない。歴史、特に現代の戦争に関する歴史に強い興味があり、かなり本を読んだり、ドキュメンタリー映画を見たりしていたからである。高校生としては、かなり知識もあったと思う。

なぜ、戦争に興味を持ち始めたかはあまり定かではない。一つだけはっきりしているのは、日本がなぜアメリカと戦ったか、ということがどうしても理解できなかったからだろうということである。

太平洋戦争は、私の親の代が経験した痛ましい体験である。父親は軍医として中国大陸に渡って、左腕に負傷して東京に戻っている。そのため、アメリカとは戦わずにすんだわけであ

るが、親や祖母から空襲のときに防空壕に避難した話、叔父が海軍で、海防艦乗り組みに決まり、もう会えないと思いながら送り出した話、と思ったら乗り組むはずの船が着く前に沈められて、無事に帰ってきた話などたくさんの戦争体験を聞く機会があった。

そうした体験談を聞く中で、いつも私の心の中に頭をもたげてくるのは、なぜアメリカと戦争したのだろうという思いであった。「最初から勝てる見込みはないじゃないか、それなのになぜ?」いろいろ調べてみると、勝つ見込みがない、と思っていた人も少なからずいた。それなのになぜ?

こんな興味を持った私は、こうした道に進んで歴史学者になろうかと思うこともあった。いろいろな経緯があって結局はその道に進むことはなかったわけだが、英語教育にかかわるようになってから、英語教育についても、太平洋戦争にかかわる現象と本当に似かよったことがたくさんあることに気づいた。英語教育、特にその政策決定に関するさまざまな成り行きを見る機会に私自身が身を置くとますます、なぜ常識的な判断が行われないのかと思うことが多々出てきた。

これが、本書で戦争、とりわけ、太平洋戦争とのアナロジーが出てくる理由である。

本書は、エッセイではあるが、一応、三つのパーツに分かれている。パートIでは、常識的な判断ができなくなっている例をあげる。パートIIでは、その原因に思いをいたすようなエッ

セイを列挙してみた。そして、パートⅢでは、常識に戻るための方策をいくつか提案する。ただし、最後の提案の部分は本書の主な目的ではない。あくまでも、英語教育や英語学習に関する議論が冷静さを失う傾向にあることについて、社会現象として捉え、この現象について考えることを述べるのが主な目的である。

目次

まえがき……iii

Part I　常識が停止するとき……1

「何年も習って、使えない」……4

● 量の話…4
● 集中度の話…7
● クラブ活動なら毎日練習…14
● 「使えない」をもう一度考えると…15
● 自己紹介までならＯＫ…17
● 江戸の敵を長崎で　～何でも学校に責任を～…18

目　次

小学校英語をめぐって……23

●早期教育は救世主？…23

●素人が教えるのがいい…24

英語学習の不思議……28

●日本語でできないことでも英語でできる？…28

●英語ができると性格が変わる？…32

●中学ビデオで実験…34

●日本語で話すとshy（シャイ）になる？…37

●日本人は外国語下手？…39

●日本人は本当に英語が下手？…40

●外人は誰でも英語がうまい？…42

●しゃべれないのは日本文化のせい？…44

●通じないのは発音のせい？…49

●英語は論理的？…57

●カタカナが悪い？…59

英語学習法神話……62
●子どもが覚えたように覚えればいい？……62
●習得と習熟……66
●内容がない？……68
●機械的な反復練習は無意味？……70
まか不思議、学習指導要領の世界……72
●ショッピングの英語はやさしいか……73
●電話ぐらいかけられなきゃ……75
●文法かコミュニケーションか？……76
入試が諸悪の根源？……78
●大学入試に英語があるわけ……81

Part II　常識が通じなくなるわけ……85

常識が通じなくなる状況とは　〜一般的に言えば〜……87
●熱中……88

●あがり…88
●あこがれ…89
●「空気」…90
●国民性…92
●現実と向き合う勇気…93
常識が通じなくなる状況とは　～英語教育に即して言えば～……95
●日本人の教育熱　～熱中～…95
●英語・英語圏コンプレックス　～あこがれ～…99
●韓国にも桑田佳祐はいるか…100
●英字新聞が尻に敷けない…102
●語学教師のネイティブ・コンプレックス…103
●英語下手という思いこみ　～スポーツ選手の役割～…104
●外国人力士の日本語上手…107
●コミュニケーションは魔法の言葉　～「空気」～…110
英語教育特有の問題　～英語教育だけの事情を言うと～……113
●教育産業…113

●外野 ～市長、政治家、等々～……115
●マスコミ……117
●外国語習得の特性……118
●言語習得と学校教育……121
●横並び発想……123
教育現場にも問題 ～黒い重箱、赤い重箱～……127
●重箱の隅をつつきたくなるのは？……131

Part III 常識を取り戻すために……133

自覚、整理、覚悟……136
英語力をつけるために ～教育政策として～……142
●政策提言……146
Ⅰ 英語教育の目標についての提言……147
Ⅱ 目標達成のための提言……150
●基礎力育成にリソースの集中的投下を！……151

●より高度な英語力養成にはニーズの先取りを！……152
●公務員に対しては第二公用語化！……154
Ⅲ　教育体系の全体イメージ……156
苦手イメージを払拭するために……158
●マスコミの役割……158
●頑張れスポーツ選手　～英語勝利宣言で苦手イメージを拭おう～……160
努力は裏切らない……162
帳尻の合わない発想はやめにしよう　～むすび～……168

Part I

常識が停止するとき

「まえがき」にも書いたように、この本は、英語教育に関する私の考えを述べたエッセイである。

英語教育に三十年ほど携わってきて感じることは、英語教育についての議論が常識では考えられないような冷静さを欠いたものになる傾向にあることである。

冷静に議論していけば、もっと地道に英語教育を改善していくことができるのに、議論に冷静さを欠いているために、英語教育論争はいつの時代にもあまり変わらぬ堂々巡りを続けているように思える。

堂々巡りをしているために、比較的簡単にできる改善策さえ実行することができない。あまりに多くを望むために、多くを望まなければすぐにでも実現するようなことが実現できないでいるようである。

こうした現状認識に立って、どうしてこのような状態になってしまうのか、知的好奇心とともに、日本の英語教育を着実に改善していくために、着想したさまざまな思いを研究論文とは違った形で、読者にお伝えしたい。こう思って、エッセイを書いてみた。

「何年も習って、使えない」

六年やっても使えない。日本の英語教育への批判の代表選手である。

しかし、常識で考えれば使えるようにならないことは当たり前のことである。

●量の話

この批判で曲者なのは「六年間習っている」という部分である。六年間も習っていると言うと、かなり長い時間英語を習っているように錯覚してしまう。

しかし、実際はどうなのだろうか。

一九九六年の『現代英語教育』の連載、「英語教育何でも探偵団」の調べによると、中高で習う英語の分量をペーパーバックのページ数で計算してみると次のようになるという。

中学校検定教科書(本文のみ)　約19ページ

高校英語Ⅰ、Ⅱ（*Unicorn*, 文英堂）　約60ページ

「何でも探偵団」では、当時はやっていたシドニー・シェルダン (Sydney Sheldon) のペーパーバックを例にとり、このペーパーバックのように印刷した場合（一ページに三百語程度入れた場合）、何ページになるかをシドニー・シェルダン尺度 (Sydney Sheldon Scale, 略して sss) という単位(?)を用いて計算している。

これによると、中学校英語検定教科書 (*New Horizon English Course*, 東京書籍) の本文のみ（練習問題などを含まないという意味）は、三年分で約 19sss（つまり Sydney Sheldon のペーパーバックで19ページ分）ということになった。中一の教科書だけであると、約 3sss。つまりは、ペーパーバック3ページ分にしかならない。

高校の教科書になると、さすがに(?)分量は多くなるが、長め、難しめの教科書でも英語 I と英語 II という二冊合わせても、約60ページ分にしかならない。やさしめの教科書だとこの半分ぐらいにしかならないので、そうなると、約 30sss あるいは30ページ分となる。

英語 I、英語 II は二年かけて使うので、中学校三年分の19ページにあと二年分の60ページをプラスしても、約80ページにしかならない。五年間の話である。やさしめの教科書となると約50ページ分ということになる。

これで、「六年間も英語を習っているのに使えない」理由は明白である。

細かいことを言えば、英語 II は高校では、平成二十年四月の時点で、必修科目ではない。英

語Ⅰかオーラル・コミュニケーションⅠのどちらかを教えなければいけないことになっている。したがって、英語Ⅱを取らない生徒もいることになる。こうなると、ここでの計算よりもっと英語の量は少なくなる。

所沢市の中学校で英語を教えている小林泰義先生は、中二のはじめに、中一の教科書本文をもう一度読ませるために、中一教科書の本文をワープロで打ち直して生徒に配っている。驚くなかれ、一年分の本文が、A3用紙の裏表一枚に軽々入ってしまうのである(8―9ページ参照。図は縮小してあります)。

中一を教えている先生方は、なんと、A3用紙の裏表一枚に収まる分量の英語を一年間かけて教えていることになる。

しかし、これで驚くのはまだ早い。小林先生は同じように中三のはじめに、中二の教科書の本文を読ませるため、同じようなハンドアウトを作って使っている。なんと、中二教科書の本文も同じA3裏表に収まってしまうのである(10―11ページ参照。図は縮小してあります)。

二つのハンドアウトを比べてみると、さすがに中二の方はかなり英文が混んでいるが、それでも一枚の裏表に収まってしまうことには変わりはない。

中学の二年間で触れる英語がこれだけなのである。これだけしか触れていないのに、なぜ英語がうまくならないのだと、批判するのは非常識というものだろう。

●集中度の話

「六年間習っている」ということで、もう一つ注意しておかなければならないことがある。それは集中度のことである。

ある日、電車に乗っていると、語学学校の車内広告が目に入った。

> 日本では中高で1100時間という膨大な時間をつかっているのに効果が上がらない……

といった趣旨のことである。学校で千百時間というのはなかなかいい線で、ちゃんと調べてあると思ったが、問題は、この時間が六年間にわたっての時間だという点である。この点をはっきり言ってくれなければ困るのである。集中して、例えば一年間に千百時間ではないというところがポイントなのである。

もっともこの点をはっきりさせたのでは、コマーシャルの効果がなくなって、この語学学校に来る生徒がいなくなってしまうかもしれない。

ごく大雑把に言って、日本の公立中高六年間の英語授業時数は約千時間と言われている。中学でも多少の違いがあるし、高校ではそれぞれの学校のカリキュラムによって英語の授業時数

2分間で、さあ君は

どこまで読めるか教科書本文！

教科書本文量読教材 1年生用 2001/Jan.

1年___組___番　氏名________________

Hi, I am Emily.
Hi, I am Kumi.
Emily, this is my father. Ex. ① 1/21
Hello, Emily.
Hello, Mr. Oka.
Emily is this your bag?
Yes, it is.
Is this your bag, too?
No, it is not.

This is your room, Emily.
Oh, very nice!
Is that a school?
No, it isn't.
It's a library.
Emily, this is my brother Ken.
Hi, Ken.
Hi, Emily.
Are you a high school student?.
Yes, I am.
Is that your house?
Yes, it is.
What's that?
It's an egg.
Really?
It's a pretty egg.

Hello, everyone.
I'm Emily Brown.
I'm from New York..
I like music very much.
I play the piano.
We eat lunch here.
Oh, really?
Yes.
We don't have a cafeteria.
This is your lunch, Emily.
Thank you.
You are welcome.
Do you clean the classroom every day?
Yes, we do.
Do you know that song?
No, I don't.
But I like it.
Goodbye, Takeshi.
Goodbye, Emily.

8級　CLEARED
どんどん読むぞ！！

Hello, this is Emily.
Hi, Emily.
Is this Mom or Nancy?
It's Nancy.
Do you like Japanese food?
Yes.
I sometimes cook a Japanese dinner.
Happy birthday, Dad.
Thank you.
But my birthday is tomorrow.
Oh, is it?
Yes.
What do you do after school?
I usually play tennis.
Do you have many friends?
Yes, I do.
What do you do on Sundays?
I study Japanese.
Oh, good!
Thank you for calling, Emily.
Good night, Mom.

Please use this fork, Emily.
No, thank you.
In Japan I use chopsticks.
Try this tako-yaki, Emily.
Ummm.….
What is it?
Octopus.
Oh, no!
Do you eat octopus?
Look at the mountain.
Oh, is that Daimonji?
Yes, it is.
"Dai" is "Big" in Japanese.
Don't stop there Emily.
O.K.
How beautiful!
Thank you.
I like yukata very much.
Look at the small shops over there!
Let's drink something.
Yes, let's.
Come on Emily.
Let's dance.

7級　CLEARED
ゴーゴー！！

Passport, please.
Here it is.
O.K.
Have a nice stay.
Thank you.
Welcome to America!
Is this your first visit, Kumi?
Yes.
I'm very happy.
Let's take a house tour.
O.K.
This is my room.
Wow!
You have a lot of dolls.
Yes.
These are Japanese dolls.
Those are American dolls.
How many CDs do you have?
Well, about one hundred.
So many!
Is that your schedule?
Yes.
We have some Japanese classes every week.
Really?
Oh, you don't have any classes on Saturdays.

This is Ann.
She's from Canada.
Her hobby is reading.
This is Billy.
He's from England.
His hobby is fishing.
Billy likes cycling.
He has a nice bike.
He rides it to school.
Ann likes movies.
She often watches movies on TV.
She likes Japanese movies.
Does Ann speak French?
Yes, she does.
She speaks both French and English.
Does Billy play baseball?
No, he doesn't.
But he plays cricket very well.
Oh, does he?
But cricket isn't popular in America.

6級　CLEARED
練習あるのみ！！

Look.
That's a beautiful building.
Yes, it's very beautiful.
Who's that man?
His face is familiar.
He's Abraham Lincoln.
Oh, I know his famous words.
How beautiful!
Please take our picture with this, Jim.
O.K.
Oh, this is heavy.
Yes.
It's my father's camera.
I see.
Now don't move.
Say cheese.
Thank you.
You're welcome.
Whose ticket is this?
Let me see……
Oh, it's mine.
Thank you.
Look at that.
It's the Statue of Liberty.
Do you see the people at the top?

Oh, yes.
Let's go up there.
All right.

Billy doesn't study English.
I often help him.
We have tests every week.
But he doesn't study.
He always says," Don't worry."
Our English teacher is Ms. Jones.
Billy likes her.
But he doesn't like English.
Billy likes tennis and soccer.
He plays them very well.
He's kind to girls.
They like him very much.
He's their idol.
He likes Kumi.
He doesn't say so, but it's true.
I'm just a friend to him.
Where's Billy?
He isn't here now.
He's back in England.
I remember his smile.
Ms. Jones remembers his bad spelling.
She misses him.
I miss him, too.

５ 級! CLEARED
元気を出して！！

What's the matter, Ann?
Are you sad?
Well, I practice tennis every day.
But I'm still poor at it.
Don't worry, Ann.
You can swim very well.
You can play the piano very well, too.
Ann, this is my favorite poem.
Robins can fly, but they can't swim.
Dolphins can swim, but they can't fly.
You can't do this, but you can do that.
I can't do that, but I can do this.
We're all different, but that's O.K.
We're all unique, and we're all happy.
That's a nice poem.
By the way, can you guess the writer?
No, I can't.
Don't give up.
Guess!
Well… is it you?
Right!
I'm not good at sports, but I can write poems.
I'm a poet, and I'm very happy.

４ 級!! CLEARED
もうひといき！！

This class has only four students.
They're all from Japan.
They enjoy this class very much.
Their teacher is Japanese-American.
Which does she speak, English or Japanese?
She speaks only English in class.
She teaches English.
She speaks a little Japanese at home.
This class has twenty-five students.
They're using computers.
What are they doing now?
Some students are studying art.
They're drawing pictures of flowers and fruit.
Others are studying French.
They're making sentences.
It's nine ten here in New York City.
The students are studying now.
But it's seven ten in Denver.
People are having breakfast.
In Hawaii it's four ten now.
It's still dark.
Everyone is sleeping.
What time is it in Japan?
What are people doing there?

３ 級!!! CLEARED
ここまできたぞ。

Excuse me.
Did you study Japanese?
Yes, I did.
Japanese people use kanji.
We use kanji, too.
But Japanese people also use hiragana and katakana.
Japanese isn't so easy.
They often use English words, too.
Can all Japanese people understand English?
Did you visit Japan last year?
Yes, I did.
Did you like it?
Sure.
I liked the people and the food.
But I didn't like one thing.
Sometimes people looked at me and asked, "Are you from America?"
I'm not American.
Why did they always ask the same question?
When did you live in Japan?
Five years ago, I lived in Tokyo.
I still go there often.
I always notice two interesting things on the trains.
People often sleep.
We usually don't do that in America.
People read comic books, too.
It's strange.

２ 級!!!! CLEARED
あと少し！！

Do you enjoy your school life?
These are the voices of some children in other parts of the world.
Mom and Dad work at a factory from early morning till night.
I look after my little brothers and sisters.
I don't attend school.
[a girl of 8 ,South Asia]
The school is a long way from here.
I can't walk there.
I don't have any money.
I can't buy a notebook or a pencil.
[a girl of 9, Southeast Asia]
What is school?
My village is at war.
I run away from danger every day.
[a boy of 6 , Southeast Africa]
About 100 million children, all over the world, can't go to school.
They are busy, poor, or ill.
Many groups of volunteers are helping them, but that's not enough.
After World War II a lot of people helped Japanese children.
Did you know that?
It's our turn now.
What can we do for these children?
Let's think about that.

１ 級!!!!! CLEARED

すごいぞ！！ やったね。 努力の賜物ですね。

CONGRATULATIONS!!

この地図は、ヨーロッパを中心に作られた地図です。この地図を見てわかることが２つあります。１つは、日本がなぜ「極東」Far East と言われているのかがわかります。もう１つは、日付変更線が日本の東の太平洋上にあるので、ニュージーランドや日本が世界で１番早く日付が変わるということです。

6

By Kobayashi.

さぁ君は、チャンスを生かして何周できるかな。

どこまで読めるか教科書本文！ 第2弾！

Class:___Number___Name:________________

You didn't come to tennis practice yesterday. No, I didn't. I had a stomachache last Friday. So I went to the doctor. That's too bad. You know, I can only have hot milk now. I was at the hospital last Friday morning. I asked the doctor, "Can I eat meat, fish, or rice?" in my poor Japanese. He answered, "Kekko desu." So I didn't eat them. Oh, no. Kekko desu means "yes" in that case. Is that so? I didn't know that. I once had the same kind of experience. Did you? Tell me about it. An American friend of mine said to me, "Would you like some juice?" I said, "Oh, I'm sorry." Did you get any juice? No, I didn't. I meant, "Yes, please." I was speaking in English, but I was thinking in Japanese. I had another similar experience. Another one? Yes. It was five years ago. I was staying with an American family. One evening I was in the kitchen with my American mother. She said, "Don't you like tomatoes, Emi?" In those days I didn't like tomatoes. So I said, "Yes." But I was wrong. I found tomatoes in my salad every day after that. That was enough for me.

The First Gate
□□□□□□□

Today I'm going to talk to you about Australia. It's an interesting country. Are you going to talk about koalas and kangaroos? Oh, yes. But first of all, look at this picture. It's Ayers Rock, a famous rock in Australia. It looks like a hill! Ayers Rock is a very big rock. You can go up to the top of the rock in an hour. But you must watch your step all the way. The rock has a lot of caves. Some of the caves have pictures on their walls. They tell the old stories of the Aborigines. The rock is a holy place for the Aborigines. You mustn't go into some of the caves. I'll show some slides of a koala park to you. Koalas are sensitive animals. They sleep during the day. Mr. White, I have a question. Yes, Manami. Can you still see koalas in the wild? Yes, we can, but not very many. Look at these road signs. What do they mean? They mean: "Be careful of wild animals." There're a lot of animals in Australia. They often run out on the road. I see. So we mustn't drive fast. We must drive carefully. Yes. That's right.

The Second Gate
□□□□□□□

Young boys in Brazil love soccer. When I visited Brazil, I saw many boys in the back streets. They were playing soccer. I heard their shouts even in the rain. Many boys in Brazil would like to play professional soccer. Pele is their hero. When he was a young boy, Pele was poor. He and his friends did not have a soccer ball. So they made their own ball and played with it. In 1955, Pele became a professional soccer player. Over the next few years, he became famous all over the world. When he was playing, many people stopped work and watched him on TV. Pele became a top soccer player. But he did not forget his poor days. He often worked for the poor children of Africa and Latin America. Pele gave them hope for the future. Today people play soccer in over 140 countries. It is very popular in Japan, too. Soccer is not just a game for people in Brazil. It is a part of their life. Ken, soccer is now very popular among Japanese people, isn't it? Oh, yes. I think that there're more than ten professional teams in the J League. Soccer fans often say, "Ole." What's that? My dictionary says it comes from Spanish. It means "Hurray."

The Third Gate
□□□□□□□

Peter meets his friend Richard on the street. Hello, Peter. I was sorry about Ann's accident. Thank you. I can't forget her deep blue eyes. I understand. Peter, may I give you some advice? Sure, Richard. Don't feel alone. All of us are with you. One day, five years later, a little girl comes in. She has deep blue eyes and long hair. Good afternoon. Can I help you? Yes, please. I want that white blouse in the window. I'm going to give it to my sister. Her birthday is next Sunday. Oh, that's a nice idea. This is all my money. Is it enough? Well, y-e-s... Shall I wrap it? Yes, thank you. That evening a young woman comes in. She has a box under her arm. She looks like Ann. Excuse me. I think my little sister bought this blouse here. Yes. I sold it to her. Will you tell me the price, then? O.K ... 98 dollars. But she gave me all her money, and that was enough for me. You're very kind, but.... Don't worry. You have a nice sister. Mary would like to invite Peter to Helen's birthday party. A few days before her sister's birthday, they meet Peter at the supermarket. Excuse me. Oh, hello! You were very kind to us the other day. We'd like to invite you to my birthday dinner. We hope you can come. Thank you. I'll be busy till six, but I'm free after that. On Helen's birthday, Peter is sitting with her and Mary at the dinner table. Helen, you look very beautiful in your new white blouse. Oh, thank you. I like it very much. Mary, you have a nice sister. Yes, Helen is always kind to me. Do you like us? Yes, of course. I want a big brother like you. Please come again. The next winter, on Mary's birthday, Helen and Peter got married. It was a big birthday present for Mary.

The Fourth Gate
□□□□□□□

Today much of our beautiful world is dying. On the land, we are losing many of our forests. The desert is now spreading fast. We all want to save our forests. If we do nothing now, many of them will die and become deserts. If we have a lot of water, we can grow trees in the desert. But we need a lot of money to bring water to the desert. What can we do to grow trees in the desert, then? One Japanese man had a good idea. His name was Motohiko Kogo. He thought, "I can use sea water." Many people were very surprised at his thought. In 1964, Mr. Kogo saw a big forest of tall mangrove trees near the coast of Borneo. It was the home to many fish and birds. He said to himself, "I'll grow mangrove trees along the coast of the desert." Mr. Kogo studied hard about mangrove trees. But he could not easily find the right kind of trees to plant in the desert. At Khafji in Saudi Arabia, Mr. Kogo began testing different kinds of mangrove trees one after another. Seven years later, in 1987, he succeeded at last. He was able to grow 30,000 mangrove trees. This was only a small step to save the earth. But it was an important step for all of us.

The Fifth Gate
□□□□□□□

Maple Park was once a beautiful part of L.A. It was cleaner than many other parts of the city. But many years later it became very dirty with trash and cans. Then a group of young people started doing volunteer work. Some of them

cleaned the streets and buildings. Others planted trees and flowers along the streets. The cleanup campaign spread little by little. Maple Park became safe and clean again. One of the volunteers said, "Maple Park is now the cleanest part of L.A. I feel happy and proud when I work for the community." One old woman in Maple Park said, "I felt the young people did a wonderful job. That really touched me. I want to say 'thank you' to those active people." What do you think of this news article? I think it's great. Kumi, did you ever do volunteer work in your country? Yes, I once joined a campaign to clean up the local river banks. The work was as hard as sports training! By the way, I have to write a paper about volunteer work in my social studies class. Will you talk more about your experience, Kumi? Sure. We started cleaning early in the morning. We picked up lots of cans and bottles. We worked hard for two hours without any rest. I was very tired but felt proud. Great! I think I'll write about that. Thank you, Kumi.

The Sixth Gate

□□□□□□□

Who was the first Japanese woman pilot to fly to other countries? Kiku Nishizaki was. Kiku Nishizaki was born in Saitama in 1912. She was an active girl. When she was two, she climbed up to the roof of her house. That was a big surprise to her parents. When she was a schoolgirl, she was more active than any of her friends. In 1929, Kiku Nishizaki finished teachers' college and became a teacher in her village. She enjoyed her work. One day in fall, she went to the airfield with her friends. There she touched a plane for the first time in her life.

A few months later, she got on a plane and sat in a cockpit. That was the most exciting experience of her life. In those days few women wanted to become pilots. But Kiku liked flying better than teaching. She entered pilots' school and train hard to become a pilot. At last she got her license. One day, when she was flying to China, she had engine trouble. She had to land on a river bank at night. She said to herself, "Next time I'll fly better." She was the first Japanese woman pilot to fly to other countries.

In 1935, Kiku won a prize from the FAI in Paris as the best pilot. "When I heard the good news, I couldn't believe my ears," she said." I like this prize the best of all. Because Charles Lindbergh also won the same prize. I'm very proud of it more than anything else." Kiku always said, "Have a dream. Work hard for it, and your dream will come true."

The Seventh Gate

□□□□□□□

Lorenz was a famous scientist in Austria. "I've studied animals since I was a little boy," he said. Now Let's read a story about Lorenz and his birds. When he was small, Lorenz loved to be with his ducks and geese. He watched them carefully and put down everything about them in his notebook. One day, Lorenz had a question. "Why do baby geese always follow their mother? Has anyone ever taught them? How do these baby geese know their mother? They may just follow anyone." Lorenz tested his idea with some goose eggs. When the eggs hatched, the baby geese began to follow Lorenz. Why? Because they saw him first. He gave a name to this learning: "imprinting." Lorenz did the same test with duck eggs. But this time, when the eggs hatched, the baby ducks ran away from him. He tried again with other baby ducks. They always ran away, too. One day, as soon as the duck eggs hatched, Lorenz cried like a duck, "quack, quack." Then the baby ducks followed him. In this way he found a new kind of imprinting. Have you ever watched a mother goose with her baby geese? Never? When the mother goose begins to swim, her baby geese begin to follow her. To his great surprise, the same thing happened to Lorenz and his baby geese. When they grew up and saw him in the yard, they still went to greet him. To them Lorenz was always their mother.

The Eighth Gate

□□□□□□□

"Please train my children hard," said Captain von Trapp to Maria. Maria did not listen to him. She taught songs to the children. He did not like her ways. But slowly their happy songs changed the Captain's mind. "You've changed my life, Maria," he said one day. "Will you live with us forever?" She thought and thought. The children wanted her very much. And so she finally said, "Yes." One day my husband got a telegram from the Nazis. He said to us, "I must meet them tomorrow. I can't say 'No' to them. We must get out of Austria tonight." We ran away to Italy over the Alps. I had nine and "a half" children then. In Italy we started to sing for a living. Our hobby was now our business. We sang for parties, birthdays, and weddings. People in Italy were unfriendly to us. They said, "The Trapp family are not Jewish. They're spies for Hitler!" So we went to France. But again the same thing happened there. They did not welcome us. We left Europe and went to America. We started singing for a living again, but the Americans did not like us, either. "Why are they so cold to us?" we wondered. "Maybe we are not good enough yet." One day, in Denver, when we were singing on the stage, a fly got into my mouth! I was very surprised and I forgot the song. I stepped forward and said to the audience, "Have you ever swallowed a fly? I've just swallowed one!" They all laughed. We laughed, too. After that, everything went well. People smiled at us, and we smiled back. Soon we became very popular all over the country. After the war, in 1950, we went back to Austria on a concert tour. We saw our relatives and friends there. They told us about their hardships in Austria during the war. And we told them about our hardships. They said, "We've lost our children, and you've lost your homeland." In war there are no winners. All are losers.

The Final Gate

□□□□□□□

2001/AUTUMN KOBAYASHI.

は違っている。が、千時間内外だと考えても大きくはずれない。

さて、六年間で千時間というのは「膨大な時間」だろうか。

「何でも探偵団」でなくても、まず千時間を六で割って、一年分の授業時間を出してみるだろう。

$$1000 \div 6 \fallingdotseq 167$$

一年分の授業時数は約百六十七になる。しかし、百六十七というのは百六十七時間ではない。なぜか。それは、授業の一コマは一時間ではないからである。一コマは中高では普通、五十分である。

では、時間(六十分)に直すとどうなるか。

$$167 \times 50 \div 60 \fallingdotseq 139$$

と、このようになる。つまり、公立の中学・高校へ通っている生徒たちは、一年間に約百三十九時間の英語授業を受けていることになる。

一年に百三十九時間というのは多いのか少ないのか。これからいろいろな計算ができる。まず、百三十九時間を日数に直すと、百三十九を二十四で割ればいいのだから、割ってみると五・八日と出てくる。つまりは、一週間にもならないことになる。

生徒の生活のどのくらいの割合が百三十九時間かというイマジネーション(?)も働いてしまう。生徒たちが毎日八時間睡眠をとっているとすると、起きているのは一日あたり十六時間ということになる。この時間を使って、食事をしたり、学校で学んだり、テレビを見たりしているわけである。

一年間で生徒の起きている時間は、この十六時間を三百六十五日分計算してみればよいのだから、次のようになる。

$$16 \times 365 = 5840$$

生徒が起きて生活している時間は一年間で五千八百四十時間ということである。もちろん、もっと寝ている時間の多い生徒もいるし、もっと睡眠時間が短い子もいるはずであるが、一応健康的生活を送っている生徒の生活時間はこんなものである。

そこで、英語授業で使っている百三十九時間の話に戻ってみる。この時間は起きている時間

の割合でいくと、二・四パーセントということになる。生徒の生活の三パーセントにも満たない英語授業である。これで英語がペラペラになると思う人がいれば、相当な楽天家だろう。

●クラブ活動なら毎日練習

六年間やっているのに身につかない、という批判は、落ち着いて「六年間やっているのに」の中身をチェックすれば、なぜ「身につかない」のかは、たちどころに察しがつくというものだろう。

「六年間やっているのに身につかない」という表現をしてしまうところに、ヒステリックさを感じる。普通、「六年間やっている」と言えば、毎日かなりの時間を割いて練習(勉強)していると思ってしまう。

甲子園をめざして野球の練習をしている高校生なら、毎日グラウンドへ出て練習するのが当たり前だろう。たとえ、地区予選一回戦で敗退してしまうようなチームであっても、そうだろう。年間百三十九時間だけ練習して、甲子園に勝ち進めないのはなぜか、と真剣に疑問に思う野球部員はまずいないだろう。練習のやり方が悪いのだ、とぼやく部員も皆無だろう。

サッカーでも、駅伝でも、ブラスバンドでもそうだろう。もし、年間百三十九時間の練習で晴れの舞台に立てないのはなぜか、と真剣に悩む生徒がいたら、「もっと練習しなければ話に

ならない」とだれでも言うだろう。

スポーツやその他のクラブ活動ならこんなに簡単なことなのに、これが英語となると事情が変わってしまうのは、全く不可解である。やはり、何かの加減で常識が働かなくなってしまうとしか考えられない。

スポーツや音楽などと違って、英語はよほど簡単に身につくものだと考えられているからだろうか。そうだとしたら、なぜそんなに簡単だと思ってしまうのだろうか。この辺の原因はパートⅡで探ってみたい。

●「使えない」をもう一度考えると

ここまでは、「六年やっても使えない」の「六年間」の方を常識で考えてみた。しかし、「使えない」の方も考えてみる必要がある。

どのくらい「使えるか」、あるいは、どのくらい「使えないのか」を考えてみないと、この批判が正当なものかどうかがはっきりしない。

「使えない」と言うけれど、ペラペラではなくても、実は使えるようになっている部分はあるわけである。「できない」、「できない」と言っても、海外旅行へはたくさんの日本人が行っている。道に迷ってもちゃんと帰ってきている。おみやげも買っている。一応、レストランで食事

もしている。英語で簡単な意思の疎通はできる程度にはなっているということである。

確かに道に迷って苦労した人はいるだろう。しかし、それは日本で道に迷っても同じことである。レストランで注文したら妙なものがテーブルに現れた、という体験もよく聞くことである。しかし、メニューを見ても中身がわからないものについては、日本にいても同じことである。もちろん、中身を尋ねることもできるが、今まで見たことも食べてみたこともないものだと、説明されてもわからないだろう。

山口県から上京してきて大学に通い始めた私の恩師の一人は、上京したてのころ、食堂で「天ぷら」を注文したら「天ぷら」が出てきて驚いたという話をしていた。ここまで読んでも何のことかわからないだろう。その先生が「天ぷら」で注文したと思ったものは薩摩揚げのことだったのである。先生の郷里では、薩摩揚げを指してテンプラと言うのだそうである。薩摩揚げが食べたかったのに、天ぷらが出てきてしまって驚いたという話である。それなら、普通の(?)テンプラは何というのか、たぶん教えて下さったと思うのだが今は思い出せない。

お国変われば品変わる。この場合のお国とは、何もパスポートを持って行かなければならない国だけを指すものではない。

食べ物に関することは、文化・習慣に属することであって、言語を習っていても、習慣に関する知識がなければスムーズにいかないわけである。

●自己紹介までならOK

私は、日本の地方公務員の海外研修のコーディネーターを何年か務めたことがある。アメリカの首都ワシントンに、日本各地からの公務員十五人程度を連れて行って、さまざまな役所などを訪問して、公務員の仕事に関連した見聞を深めるというものである。

プログラムの全般にわたって通訳がつくので、参加者に英語が使えることは要求されていない。しかし、訪問先によっては、ちょっとした自己紹介を英語で求められることがあった。地方公務員と言っても、さまざまなバックグラウンドがあるわけである。県から来ている人、政令指定都市から来ている人、北海道の人、九州の人。職場も、福祉、水道局、教育委員会、保健所、監査等々、実にさまざまな職場から参加しているのである。ということで、どこから来て、何を担当しているか、相手側も知りたいわけである。

このようなことがあるので、英語で簡単な自己紹介くらいは用意しておくように、参加者はオリエンテーションで指示されている。

こうした求めに応じて、「自分は横浜市に勤めていて、現在の担当は上水道である」とか、「自分は高知県の職員で監査が専門です」などと、一渡りやるわけである。英語で、である。そこで驚くのは、彼らが実にわかりやすい発音で、よどみなく自己紹介を行うことである。もち

ろん準備してきたからだと言えばそれまでだが、大学(あるいは高校)を卒業してから、ほとんど使ってこなかった英語をいきなり使っても、十分に相手に通じる英語になっているのである。大学で英語を専攻した人など一人もいないのである。

私は、このような経験を何度もしたが、そのたびに、「六年間もやったのに使えない」という英語教育批判に首をかしげたくなった。

もちろん、この研修会参加者がよどみなく言えるのはここまでで、それ以後の質疑応答となると通訳さんの力を借りることになる。あまりに彼らが流暢に自己紹介するので、訪問先によっては、「これだけしゃべれれば、質疑応答も英語でやりましょう」などと半ば冗談ぎみに言うこともあったくらいである。つまり、全く使えないということはなく、使えるレベルが自己紹介まででであったということである。

このことを考えるときに大切なのは、「六年間もやっている」という部分と「使えない」の二つに分けて考えることである。

江戸の敵を長崎で ~何でも学校に責任を~

厳しい時間的制約の中で、日本の学校英語教育はかなり頑張っているというのが私の認識である。それでも、世間一般的には、何かというと「学校は何をやっているのか」と厳しい批判

がなされる。その中には、学校に責任を求めるのが到底妥当だとは言えないようなことが多々ある。

ある教員研修会に講師として招かれた。その研修会では、研修内容の一部として海外研修から帰ってきた中学の先生の研修報告があった。女性の先生から、アメリカへ行ってきたことの報告を聞いた。その中で彼女は、自分自身が学校で習った英語が通じないことがあったことにショックを受けたと話していた。

通じないのは発音である。また、聞いてわからないのも発音だと言う。例えば、Do you ～と習ったことが、向こうでは「ジュー」のような発音になる。慣れないうちは聞き取れなかったと言う。

確かにそういうことはあるだろう。しかし、問題はその後の彼女のコメントである。「何で中学校のときに英語の先生はこうした音の変化があることを教えてくれなかったのか」と言うのである。そして、「こうしたことを中学で教えなければいけない」と話を結んだ。

この類の愚痴は実にたくさん耳にする。「どうして学校で教えてくれなかったのか」、「実際に使われている英語を教えていない」という愚痴である。しかし、こうした愚痴は、上記の海外研修報告を例にして言うと、大きく分けて二つの問題を含んでいる。

一つ目は、大人になってから経験した不都合の責任を、中学校の時の教育に求めている点で

ある。中学校を卒業してから何年(あるいは何十年)も経っているのに、あることの責任を中学校に転嫁しようとしているのは無茶というものである。

二つ目は、慣れてきたら聞こえるようになったという事実を、忘れてしまっていることである。最初「ジュー」という発音にとまどったが、そのうちそれはDo youだとわかったわけである。だからこのような愚痴に至ったわけである。どんなことでも、慣れるまでは少しの間は戸惑うものである。しかし、慣れればわかることも多い。

職場が変わったら、その職場の習慣に慣れるのに時間がかかる。転勤をすれば同じ日本国内であっても、まずはご近所に慣れるまでに時間がかかる。それぞれのお国訛りに慣れるまではかなりの時間を要するものである。どこで買い物をすればよいのかもわからない。銀行や郵便局がどこにあるのかも確かめなければならない。仕事の内容自体も変わってくるだろう。ましてや海外となれば、慣れるまでにかかる時間も長いだろう。海外に行って、着いたその日から、何のとまどいもなく、その土地の言葉がすべてわかると考える方がおかしい。

恩師の羽鳥博愛先生(英検会長、東京学芸大学名誉教授)は、福島大学にお勤めのとき、東北訛りが聞き取りにくくて苦労されたそうである。「そこのエスを持ってきて」と言われて何のことか理解に苦しんでいると、「エス」なるものは「椅子」であることが判明したということである。こんなことは日常茶飯事、ところ変われば訛りも変わるのである。

　私も、留学当初十日ほどお世話になったホストファミリーが「サンナクラカニ」とよく言うのだが、何を言っているのかわからなかった。最後の「クラカニ」が「カナタニ」に聞こえたりもした。何で私の名字をこのように多く発するのかと不思議に思ったりもした。しかしてその正体は、Santa Clara County（サンタ・クララ・カウンティ）であったのだ。ホストファミリーが住まいするカウンティ（County）のことなら確かに話題によく上るはずである。このことに関しては音変化とともに、こちらに馴染みのない固有名詞が含まれていたということも聞こえない原因であった。

　ネイティブ・スピーカーでも「ジュー」は気になる。第五十回アカデミー賞で、作品賞、監督賞をとったウディ・アレン脚本・監督・主演映画『アニーホール（*Annie Hall*）』（一九七七年）の中で、主役のアルビー（Alby）はユダヤ人。この役のウディ・アレンがそのことを友達に話す場面がある。Do you . . . ? が Jew に聞こえる、まわり中から「ユダヤ人」「ユダヤ人」と言われているような気がする、と不満を述べているのである。

　お国訛りをなぜ学校で教えないのかと憤る人はあるまい。

　二つの点で、常識がどこかに消え失せていると指摘した。なぜ、このようなことが起こるのだろうか。詳しくは次のパートで述べるが、すぐに思いつくことは、外国語は、ちょっと習えばすぐに身につく、そしてそれはどこでも即戦力として役立つという発想にあるのではないか

ということである。

言語の基本的ルールが身につくにはネイティブでも数年かかる。しかも、この数年間、子どもはほぼ毎日その言語にさらされ、その言語を使って生活しているのである。

英語を母語とする幼児には受け身の構文がよく理解されないということは知られている。ある年齢になるとわかるというのである。The boy was chased by a dog.（少年は犬に追いかけられた）という文を耳で聞かせると、幼児は The boy chased a dog.（少年は犬を追いかけた）のように理解するそうである。was chased by というところがなにやら聞き取れないのである。幼児にとっては最初に出てきた方の名詞（この場合、the boy）が次に出てきた名詞（a dog）に働きかけるように解釈するそうである。ネイティブでもかなりの時間を要する言語習得を、すぐに完成するもののように考えているのは大きな誤りである。

したがって、最初のうちに教わらなかったからといって、その恨み（?）を何年か後に言い立てるのは考えものである。もちろん、最初から教えておいた方がいい事柄もある。しかし、そう簡単に身につくものではないことを銘記すべきである。

参考文献　金谷憲「英語教育ひとりごと―こもんせんすで考える（1）「付け」は中学へ？」『現代英語教育』一九九七年四月号、三六―三七頁、研究社。

小学校英語をめぐって

●早期教育は救世主?

小学校で英語を教えることは英語教育にとっての救世主であるかのような論調が世の中に満ちているような印象を受ける。本当にそうだろうか。

小学校英語教育待望論の背景には中高六年間の英語教育が役に立っていないという判断があるように思える。私自身は六年間の英語教育が成果を上げていないという立場はとらないが、仮にうまくいっていないとしても、その解決を小学校にゆだねるのはどうかと思っている。

日本に一万二千校ほどある中学校でうまくいかなかったからといって(本当にうまくいかなかったかどうかは別にして)、二万五千校もある小学校でうまくいくというのが、常識としては考えられないことである。小規模でやってみてうまくいったから、今度は大規模に実験してみようというのならわかる。しかし、小規模で失敗したから大規模でやるというのは普通の常識では考えられない。

英語を怖がらない態度が身につくなど、体験としての英語活動が英語力とは関係ないところで効いてくるというのならまだしも、英語力を伸ばすのに役立つ、あるいは英語教育がうまくいっていない(と仮定して)、その解決策になるのだと考えるのはどうかしている。

いきなり話は飛ぶが、太平洋戦争に突入するかしないかの折に、昭和天皇は陸海軍の責任者を呼んで、御下問された。開戦してどのくらいの期間で決着をつけるのかという天皇の質問に対して、杉山元《はじめ》陸軍参謀総長は楽観的な見通しを回答する。それに対して天皇は、支那事変で中国と戦争するときに一ヵ月で決着をつけると言ったではないか、それがまだ決着がついていないではないか、と問い詰めた。これに対して杉山総長が「支那は奥地が広うございますので」と答えると、「支那の奥地が広いというなら太平洋はなお広いではないか」と天皇は切り返されたそうである。実に鋭いコモンセンスである。小さなところで失敗したものが、より大規模になると成功するというのは理屈に合わない。

このときの杉山総長のことを笑ってはいられない。時は経ても考え方がおかしい点では、現在の小学校英語への過重な期待も同じルーツを持っているような気がしてならない。

●素人が教えるのがいい

「素人が教えるからいいんです」、私はこの言葉を聞いて、自分の耳を疑った。小学校に英語

を導入することに大変熱心なある大学教授の言葉である。

小学校への英語導入を語ったときの言葉である。公立小学校にはまだ、英語を専門とする教師はいない。専門家がいないのにうまくいくのかという懸念がよく示される。それに対して述べた言葉である。専門家がいなくて、素人が教えるからいいのである、ということである。

この教授の言いたいことは、今までの中高の英語教育はダメであるということだろう。中高の英語の先生がやってきたことはうまくいっていない、とその教授は考えているのだろう。そして、うまくいかないのは、下手に専門知識があるせいだと、考えているのだろう。英語の免許を持った中高の先生は、これまでの英語教育の垢がついてきていて、思いこみが激しくダメだ。そこへいくと小学校ではプロがいない分、素人の先生の新鮮なアイディアなどが生きてくる可能性があるというわけだろう。

私としても、その可能性は否定しない。ビギナーズ・ラックということはある。確かに専門家には専門家としての思い込みがある。そのために、あることは初めから否定してやろうとしない、といったことはあるだろう。

私の好きな司馬遼太郎の『坂の上の雲』には、専門家の思い込みの恐ろしさを示すこんな場面がある。

日露戦争の帰趨を決める大きな要素である旅順攻撃で日本軍は奇抜な戦法に出る。東京湾の

お台場に据えてあった二十八センチ砲(その当時、これはばかでかい大砲だった)を土台からはずして旅順へ送ってきたのである。この射程の長い大砲で旅順要塞越に湾内に停泊中のロシア軍艦を砲撃しようというものである。

こうした奇抜なアイディアに反対したのは砲兵出身の参謀だった。「大砲ということを全くわかっていない」というのがそうした専門家の意見だった。そんな大きな大砲を据え付けて砲撃が可能になるためにどのくらいの日にちを要すると思っているのかというわけである。

しかし、日本軍には優れた素人がいた。満州総軍の総参謀長、児玉源太郎だった。彼の命令一過、このどでかい大砲が短期間で準備ＯＫになって、威力を発揮したのである。

こうしたことを見れば、素人の考えもあながち悪くはない。しかしである、こうしたことがのべつに起きるわけではないことを銘記すべきである。たまに素人の考えが大成功すると、素人の方がよいという間違った論理を組み立ててしまう人がいる。

今述べている大学教授も実は専門家がおしなべて悪いと考えているのではないと思う。しかし、小学校英語をどうしても実現したいという思いから、このような論理に陥ってしまったものと考える。

国の教育システムは大きなものである。こうした大きなシステムを考えるときは、例外的な少数事実を拡大解釈してはダメである。一人、二人の天才的ひらめきを何万もの人に当てはめ

て考えない方がいい。

中教審などの審議会では各界の達人を集めることが多い。スポーツでも芸術でも科学でも、その道の達人の経験からくる意見には聞くべきことがたくさんある。そのことはそれでよいのだが、その人たちは他の人にはできぬ超人的努力をして、その高みに達していることを見逃してはいけない。

しかも、そうしたとんでもない努力をする人(できる人)はおしなべて謙虚である。まだまだ自分の努力などは足りないと思う傾向にある。そうした傾向にあったからこそ非常な努力ができたとも考えられる。そうした人が、努力すればこのようになれますよ、私のような「能力のないもの」でも努力によってメダルが取れたのだからなどということに惑わされると危ない。危ない理由が、皮肉にもこうした達人たちの謙虚さにある。

手垢のついた現行の英語教育ではうまくいかない。そのストレス発散のために、小学校という新天地があると考えるのは人情としては理解できるが、実効という点からは常識を逸脱していると言わざるを得ない。

参考文献　金谷憲「「小学英語」は救世主か―長所・短所冷静に論議」『日本経済新聞』二〇〇〇年五月二十七日。

英語学習の不思議

英語を学ぶということを考え出すと、自分が日本語でできることとの比較をするという発想に立てなくなってしまうことがある。英語学習以外に英語上達の道があると思い込んでしまうことなどがある。

ここでは、そうした英語学習がもたらす、奇妙な心理について触れておきたい。

●日本語でできないことでも英語でできる?

日本語でできないことでも英語ではできると思っている人が存外多い。これも、英語となると常識が停止する現象の一つである。

英語でディスカッションができない、ディベートもできない、即興でスピーチなども難しい、という「批判」がある。それでは、日本語なら、ディスカッションもディベートもスピーチもできるのだろうね、と思い返してみると、多くの場合日本語でもできない。

学生が私のところへ相談にやってくる。「英語が話せるようになりたい」と言う。では、どん

なことを英語で話したいのかと問うと、せめて自己紹介ぐらいはスラスラとしたいと言う。では、手始めに日本語でやってみてくれと言うと、一瞬戸惑うものの、「氏名、出身地、趣味」などを短く言うが、それでおしまいである。それじゃあ、大相撲のアナウンスのようなものだ。「東方、○○山、△△県出身、□□部屋」そんな、戸籍調べみたいな自己紹介しか日本語でできないのに、英語でもっと気の利いた自己紹介ができると考えるのは間尺に合わない。

短いスピーチが英語でサッとできればいい、というようなことを考えても、日本語で短いスピーチがサッとできる人が一体どれくらいいるか考えてみたらいい。しょっちゅう、授業などをして人に対して話している、私のような教師をとってみても、話がうまいとは限らない。放送大学の授業などをテレビで見ていると、原稿を見ないでカメラに向かって話せている人の方が少ない。情けない話である。自分のよくわかった専門分野の話をするのになぜ原稿を見なければ話せないのか。放送大学なのに、話すトレーニングは受けていないのだろうか。

結婚式の祝辞などでも同じことである。短くて面白く、そして相手に対する祝意がよく盛り込まれているスピーチなどに、そんなに頻繁にお目にかかれることはない。乾杯の音頭の前に、ひとことなどといって長々とつまらない話をし、「乾杯！」とやるころには、グラスのシャンペンは気が抜けているなどということも珍しくはない。

そう言えば、昔の映画で、そんなテーマの映画があった。まじめだけが取り柄のサラリーマ

ンが、部下の結婚披露宴でスピーチを頼まれる。まじめ一方の彼はその日から夜も眠れない。原稿を書いて、リハーサルをして家族に聞いてもらい、披露宴会場に向かう。披露宴が進行していく。自分の番が近づいて心臓の鼓動が高まってくる。そこで、なんと自分の前にスピーチをした上司があろうことか、彼が寝ずに考えついた新郎のエピソードをしゃべってしまう。原稿を用意してリハーサルを重ねた彼は、その場で内容を変更するなどという芸当は到底できるはずもない。よくある出来事をおもしろおかしく描いた作品である。確か、今は亡き有島一郎がこのサラリーマン氏を好演していたと思うのだが、どうしてもタイトルを思い出せない。母語である日本語でもこんなものなのである。外国語で同じことをすることがどれだけ難しいか、推して知るべし、である。

ユーモアを交えろ、原稿を読むな、間を大切にしろ、等々いろいろな注文をつけてもそう簡単に気の利いたスピーチなどできるわけではない。それを外国語で行うのである。どれだけ難しいか考えてみればいい。

英語でディスカッションなどを生徒にさせようとしてもうまくいかないと嘆く教師がいるが、その教師自身が日本語でディスカッションできない。研究授業に行くと、その後はたいてい、その授業について話し合う研究協議ということになる。しかし、この研究協議はだいたい低調で、司会が「何かご意見は」と尋ねてみてもまるで反応がない。「では、順番にご意見を」

などと言って、参会者を端から当てていくなどという光景は珍しくない。日本語で話し合う場で、しかも生徒のディスカッション能力を高めようなどという目的で授業をした後でもこの為体《ていたらく》である。生徒が英語でディスカッションできない理由など推して知るべし、である。

英語という外国語で行うことである。常識的に考えて、母語では難なくできることでなければ無理だろう。それを母語でも難しいことを英語で生徒に要求してしまう。生徒の方も自分が母語でできないことでも平気で望んでしまう。この辺に英語学習にまつわる悪魔が潜んでいるように思えてならない。

ただし、日本語ではできないのだが英語ではできるというように一見、見える場合もある。例えば、yes, no をはっきり言う、I love you. などと直接的愛情表現をする、などといったことである。

しかし、これも英語を使うと本人の能力(?)が向上するのではなく、どちらかと言えば、自分のしゃべっていることの実際の響き方が実感できないから平気で言えるということが多い。

英語では ycs, no をはっきり言わなければいけないと物の本に書いてある。そのためにそれに過剰反応を起こして顰蹙《ひんしゅく》を買う日本人留学生なども何度か見聞している。「何であの日本人は何でも白黒つけたがるのか」、と友人のアメリカ人に聞かれたこともある。

日本の中学校で英語を教えていたニュージーランドの青年は、「ニュージーランドの若者は、

I love you などとは恥ずかしくて言わない」と言っていた。我が大学に留学している中国人など、「先生、明日、大学に来るか」などと平気でやらかす。聞かれたこちらは思わず「ええ、来させていただきます」などと妙にへりくだってしまう。(そんな自分がうらめしい。)

このようなことは、中国語に丁寧な表現がないからだと言う人もいるが、どうだろう。中国語には中国語としての丁寧表現はあると思う。いずれにせよ、外国人留学生に日本語の響きがよくわからないということは確かだろう。

中国人留学生でも滞在期間が長く、日本語のうまい人の中には、丁寧度に非常に気をつかい、いつも教師と会う前に日本人の友人に適切な表現かどうかを確かめてから会いに来る人もいるくらいである。

●英語ができると性格が変わる?

日本人の英語能力願望は、狂おしいばかりである。英語ができることへのあこがれは、本当に痛々しいほどである。英語ができることは、格好いいことであり、英語を話せることは知性の表れであり、果ては、英語ができる人は、明るい性格であるというような、普通は考えられないことまで考えてしまう。

英語ができる人は明るい人だというのは、たぶんアメリカ人に対して(なぜかイギリス人で

はない）日本人が抱いているステレオタイプ的イメージによるものだと思う。程度の差こそあれ、我々はいろいろなことに固定観念、固定的イメージを持っているものである。イタリア人と言えば、いつもカンツォーネなどを口ずさみ明るい人たちと思ってしまう。ドイツ人ならば、理屈っぽく正確なことを好む、メキシコ人なら楽天的で、あまりクヨクヨしない、などということである。

それでいくと、アメリカ人というのはおおらかで明るい、いつも“Yeah!”と大声で言ってピースサインをしている人のイメージなのだろう。固定イメージはそうだとしても、次の瞬間、ちょっと考え直してみれば、どの国にもどんな地域にも、明るい人もいれば根暗な人もいる、おとなしい人もいれば、しょっちゅう大声で話して周りの人を笑わせるような人もいる、ということに気づくはずである。

実際に外国人とつきあってみれば、そういうことは簡単にわかることなのである。この十五年ぐらいの間に、日本の中学校や高校には（あるいは小学校にも）ＡＬＴ（Assistant Language Teacher）という外国人の指導助手が入っている。初めのころは黒船が来たような騒ぎで、特に英語の先生は大変だった。ＡＬＴが学校に来る日にはなぜか欠勤する先生もいた。五十代の先生では、早期退職者も出た。そうした中で、英語の先生であっても外国人に初めて会って話をしたというような人も多かった。

このような状況になって、ALTにもいろいろな性格の人がいることが、先生の直接体験として経験されることとなった。面白いのは、「うちのALTは恥ずかしがり屋なんです」などと、非常に意外だという気持ちを込めて言う人がいたりする。そのうち、異文化体験に耐えられず、ノイローゼになってしまうALTなどが出てくるのを見て、これまた意外そうに話をする人がいる。ステレオタイプのイメージを克服するには、かなりの年月と体験を要するものだということがわかるわけである。

●中学ビデオで実験

私は小学校の英語教育の影響を調べるため、勤務する大学の附属中学校の仲間と協力してちょっとした実験を行った。小学校で英語を習うことの効果はいろいろ主張されているが、主なものは、発音が良くなるといった音に関するものと、もう一つは、人と接するときの態度が変わる、英語を使うことを怖がらない態度が身につくなど、態度に関するものとに大別される。

我々がやった実験は後者の方を確かめるものだった。中学校二年の年明け、つまり、中学校に入ってからだいたい丸二年経った生徒の英語によるインタビュービデオを使った実験である。インタビューの相手はALTで、一対一で行われる。この学校では、定期的にインタ

ビューテストを生徒全員に実施して、それを成績の一部に繰り入れている。インタビューの模様は必ずビデオに撮ってあるので、生徒全員のビデオがあるということになる。その中から実験用にサンプルを抽出したわけである。

中学以前に英語を習ったことのある生徒五名と、中学から習い始めた生徒五名を選んだ。成績に違いがあるといけないので、英語の成績が同じぐらいの生徒をペアにして五組十人を選んだのである。つまり、成績がほぼ同じ人が必ず、小学校開始組にも、中学校開始組にも一人いるという状態にしたということである。

そして、そうした生徒十人のビデオをごちゃ混ぜにして、英語の教師たち約五十人に見てもらい、中学以前に英語を習ったことのある生徒か、そうでないかを判断してもらった。また、その判断を下した理由も書いてもらうことにした。例えば、発音が良いからそう思ったのか、自信ありげだったからそう思ったのかなどである。このことによって、英語の先生たちが何を根拠にして英語を早く習ったかどうかを判断するかを知ろうというものだった。逆から言えば、このことによって、英語の先生たちが、英語を早く習い始めれば、生徒にどんな変化が起こりうると考えているかがわかるという仕掛けである。

さて、その結果である。的中率三十パーセント以下という結果に終わった。あまり当たらないのである。十人全員当たれば十点として、平均点は二・九六というポイントになった。特に

中学以前に英語教育を経験した生徒の平均点が悪い。生徒の平均点と言っても、生徒の成績ではない。経験した生徒を見事当てた人の平均点は五点満点(経験者が五人いるから)中、なんと〇・七八ということになった。

この実験では、判断をしてくれた先生方は、英語力を判断基準にしている人が多かった。が、典型的に陽気な女子生徒に対して早期英語教育の経験者だと判断した人もいた。この子は、インタビューアーの言葉に、Really? などとうまく応じていたので、ひっかかって(?)しまったのだと思う。附属中学校では、こうした短い言葉で適切に相手の語りかけに応じるような練習をよくしている。それにひっかかったのだろう。

また、気の毒な(?)ことに、中学校以前の英語経験者の中で、一番長く英語活動を経験している生徒の的中率が最も低かった。一番長い間、英語教育を経験しているのに、中学校から習い始めた生徒であると判断されたのである。原因ははっきりとは断言できないが、先ほどの女子生徒の逆で、どちらかと言えば、おとなしい感じであったことが原因の一つではないかと思われる。

さて、このことから言えることは何だろうか。つまりは、外国語を早くから習ったとしても、それによって性格が変わるわけではないということである。こう書けば、多くの読者が、「そんなこと当たり前ではないか」と言うだろう。その通り、当たり前なのである。しかし、先に述

べたように、英語を習うと性格が明るくなる、と考えている人も少なくないのである。やはり、英語学習には常識を忘れさせる何かがありそうである。

参考文献　金谷憲・太田洋・神白哲史「小学校での英語学習経験は中学で見てわかるか」『英語教育』二〇〇五年十月増刊号、七三―七八頁、大修館書店。

●日本語で話すとshy（シャイ）になる？

もう一つエピソードを付け加えておきたい。学生時代に日米学生会議というプログラムに参加したことがある。大学生が、日本側、アメリカ側三十人ぐらいずつ約一ヵ月の間、寝食を共にしながら、いろいろなことに関して討論を行い、理解を深め合うというプログラムである。戦前、日米関係が悪化する一九三四年に開始されたという由緒正しき(?)イベントである。開催地は一年おきに日本とアメリカになる。

ＯＢには実に錚々たるメンバーがそろっている。一端をご紹介すると、古いところでは首相にもなった宮沢喜一氏、新しいところでは、アメリカ側には連邦政府の通商代表部にいて、日米貿易摩擦の最中にあって、対日交渉にあたったグレン・フクシマ氏などがいる。

さて、私の参加した第二十五回の会議は日本で行われた。興味のあるテーマ別に政治、経済、文化、教育などのグループに分かれて討議が行われ、各グループには日米一名ずつチェアマン

が選ばれている。私は、教育テーブルのチェアマンに選ばれた。毎晩、そうしたチェアマンの会議が行われ、実行委員から次の日のスケジュールについて説明され、討議の進め方などを相談したりした。

ある日、日本側の実行委員長が打合せ会に参加した代表者をながめまわして、「今日は、全員日本語ができるな。一つ今日は日本語で会議をしよう」と言いだしたのである。確かに見渡すと、アメリカ側代表者も皆、日本研究などの専攻で、日本語ができる。日本語で打ち合わせすることに皆同意したため、日本語で打ち合わせが始まった。

すると面白いことに、今まで元気よく発言していたアメリカ側の代表者の口数がパタッと減って、日本側の元気がよくなった。アメリカ側は時折、言い間違いに顔を赤らめたりしているではないか。これなども、言葉が自由になるかならないかで、行動が変わるという一つの例だろう。もちろん、まだ言語と性格にこだわる人もいるだろう。日本語ができるようになったアメリカ人は恥ずかしがり屋になったのだと。皆さんはどちらを信じるだろうか。

ただし、本格的なバイリンガル（あるいはバイカルチュラル bicultural）の人の場合は言葉がスイッチしてしまうと、行動様式まで変わってしまうということはあるようだ。ご自身も帰国生である大学の先生は、ご自身のアメリカでの体験を綴った中で、妹さんのことを書いておられる。妹さんは日本語でしゃべっているときはどちらかというとおとなしいのに、英語で話し

出すと平気で机に腰掛けたりするということを言っておられる。

しかし、こうした行動のスイッチは、言葉と行動様式が切っても切り離せないほど密接になった数限られた人たちには当てはまるが、外国語として教室で週数回習うだけの人にはおおむね当てはまらない。これも常識で想像のつくことである。

参考文献　日米学生会議については、城山三郎『友情力あり』講談社文庫、一九九三年。

●日本人は外国語下手？

日本人は外国語が上手かと聞かれれば、残念ながらお世辞にもうまい部類には入らないだろうと答えざるを得ない。

しかし、相当ひどいかと言われれば、一般の日本人と一般の外国人とを比較すれば、そんなに特別下手だとは思わない。

世間一般には、日本人は外国語下手だということになっている。マスコミや教育界も、外国語が下手だという前提に立って、万事考えようとするきらいがある。

テレビ番組を作るというような話を例にすれば、「日本人はなぜ英語下手か」といったタイトルだとたぶん受けがいいだろう。視聴率も稼げそうだ。しかし、こうなると、前提は「日本人は英語下手である」ということで、「案外うまい人も多い」というようなことは考える余地が

なくなってしまう。

仮にうまくないとしても、「下手イメージ」が広まり、定着してしまうことによって、必要以上に苦手コンプレックスが根づいてしまうことになりかねない。日本人は外国語が本当に苦手なのか、もう一度考えてみる必要はありそうである。

日本人は本当に英語が下手？

下手か上手かは実はよくわからない。巷の噂程度のものでしかない。イタリア人は陽気だ、ドイツ人は理屈っぽい、などというステレオタイプのようなものだろう。しかも、他人様が持っているステレオタイプというより、日本人が日本人について持っているステレオタイプであるかもしれない。

私の感じるところ、また私の調べたところによれば、日本人はお世辞にも外国語がうまい部類には入らないだろう。

もっとも、下手ではないという意見もある。私はアメリカに留学していたとき、アメリカ人の友達にかたっぱしから、日本人の英語力についての評価を求めたことがある。評価を求めたと言っても、アンケート用紙を配って回収するといった研究みたいなことをして得たデータ(?・)ではない。立ち話程度に話題にして聞いてみたのである。

そのことをご理解いただいた上で、データ(?)の中身だが、全体的に見て下手だという意見はなかった。逆に正確でわかりやすいという意見もあった。意外と思われるかもしれないが、あったことは事実である。しかし、このコメントをした同じ学生が同時にこんなことも言っていたのである。確かに正確でわかりやすいことはわかりやすいのだが、しゃべっているのを見ていると見ている方が苦しくなる。つまり、発話がスムーズではないというのである。まあ、日本人の英語について割合良い線いっているコメントのような気が私はしている。

しかし、本当に普通の人(特に仕事で英語を多用するとか帰国生とかではない人)で比較した場合、国際的に日本人は英語が下手なのだろうかということになると、にわかに断言する自信(?)がなくなる。

オリンピック開催に涌く北京の街角で道を尋ねてみても、ホテルで英語を使ってみても、よく通じるということはない。スペインの街角では、マドリッドでも、グラナダでも、コルドバでも、バルセロナでも、ほとんど英語は通じない。街角どころか、ホテルでもあまりよく通じない。韓国へホームステイに行った学生に聞くと、こちらも東京の街角と事情はほとんど変わらない。ベルギーの首都ブリュッセルはフランス語圏であることもあって、英語で道を尋ねてもたいがい通じなかった。

常識で言えば当たり前のことである。普段使わない言葉が急にスラスラ出てくるはずもない

ではないか。

外国語どころか、自分の方言とは違ったアクセントで話しかけられても咄嗟には反応できない。弘前のりんご園に連れて行ってもらったとき、タクシーの運転手さんとりんご園のおばちゃんの会話はまるで外国語会話だった。私は、かなり訛りには強いという自信があったが、全く理解できなかった。こうした状況を考えに入れれば、外国語の環境で普通の人はだれでも苦労するはずである。

外人はだれでも英語がうまい？

「日本人は外国語が下手だ」というものの裏返しもある。外国人は皆英語ができると思っている人がいる。時々「あの人は外人なのに英語が下手」といったことを聞くことがある。この発言の前提は、「外人は英語がうまい」である。そんなことがあるのかな。

普通の人だれもが英語がうまいなどというのは、オランダとかドイツとかを除けばあまりない。

外人はだれでも英語がうまい、ということを聞いて、「そんな馬鹿な」と言える人は健全なる常識を備えた人だと言える。まさに、そんな馬鹿なことはないのだが、意外と馬鹿なことだと思わない人がいる。「あいつ外人のくせに英語下手だ」などという言葉が学生などの口からよ

く出てくる。

この辺も日本人の英語コンプレックスの表れなのだろう。日本人は英語(外国語)が下手。その他の人々は日本人よりうまいはず、という単純図式になっている。

英語が通じるかどうかわからないような海外に行っても、面白いことに話しかけるときは一生懸命英語で話しかけようとする。たぶん、日本人にとって頭の中で、「外国語」というスイッチは英語しかない。外国語で話さなければ、と思った瞬間、習った英語のフレーズをなんとかしごき出そうとしだす。

中国に一緒に仕事で行った同僚も、懸命に日本語と英語のチャンポンで意思疎通を図ろうとしていた。英語は国際共用語だから、英語を交ぜれば相手にとってわかりやすくなるだろうという発想らしい。しかし、いたずらに英語を交ぜるよりも、日本語で通した方が早かろう。そして、中国人が相手のときは、漢字を紙に書いてコミュニケーションを図るのがだいたいにおいて成功率が高い。同じときに行った他の同僚が、マッサージを受けに行き、「最後、願、肩、腰」(最後に肩と腰をもんでくださいという意味だろう)と書いて意志を伝えようとしたのは皆の語り草になった。

しゃべれないのは日本文化のせい？

英語についての加熱症状は、英語がしゃべれない原因を狂おしいほどに、英語の勉強不足以外のものに求める傾向へと移っていく。その典型的なものは、文化のせいにするということである。

日本人が英語下手なのは、日本文化が沈黙に価値を見いだすからだというのである。「沈黙は金」というではないか。黙っていることが正しい態度であるとされて育ってきては、外国語でも同じ癖が出てしまってしゃべれない。

「男は黙ってサッポロビール」というコマーシャルが一時期はやった。確か、三船俊郎が、黙ってビールを飲み干し、「男は黙ってサッポロビール」というナレーションがかぶさるのではなかったかと思う。これなども、沈黙に重きを置くことをモチーフにしたものである。

と、まあ、こんな具合である。

ところで、「沈黙は金」(Silence is golden (gold).)は、日本の伝統的ことわざではない。広辞苑でも「西洋の諺」とことわっている。ということは、どういうことだろう。英語圏でsilenceが大切であると思われていない(いなかった)ことはないということの証拠ではないか。

国際会議などで、日本の出席者があまり発言せず、沈黙を保ち、時々よくわからない笑みを

浮かべ、ちょっと見ないでいると、居眠っている。3S(Silence, Smile, Sleep)などと言って馬鹿にされるのも、こうした日本文化のせいだというが本当だろうか。

しかし、ここでもまず常識を発動(?・)させてみよう。日本人はだれでも沈黙を金としているかどうかということを、自分も含めて周りの人々を見渡して考えてみればいい。確かに、口の重い人もいるだろうが、口から先に生まれてきたんじゃないかと疑いたくなる人も数多く存在する。

私は、大学で教えているので、大学生の生態(?・)をつぶさに観察することができる立場にいる。その観察の結果から言えることは、「沈黙は金」とは一体いつの時代のことかということである。ケータイでのおしゃべりも含めて、彼らは一日中、仲間と話しているのである。

時代による変化は、私の三十年ぐらいの教師生活の中でも多少感じられる。最初の十年は、教室に教師が入っていくと、スッと学生たちは静かになったものである。このごろはそうはいかない。教室に入っていっても、「授業を始めるよ。静かに」といった趣旨の宣言をしなければ、教え子たちは黙らない。教室だけでは飽きたらず、電車の中でも、このごろは携帯電話をかけまくっている学生がよくいる。沈黙は何になったのだろうか。

もっとも、教室での討論となると話は別である。確かに公式見解を求められると、さしものの学生諸君の舌好調(?・)もそうはいかなくなる。会議ではやはり「沈黙は金」が生きている部分

はありそうである。

さて、英語の話である。基本的に口の重い人が英語でも発言が少なくなるのはごく自然なことだろう。問題は、口から先に生まれてきたような人の方である。こういう人が、英語で話すときに沈黙しがちになったら、それは文化のせいにはできないだろう。

ちょっとくらい外国語が身についているように思われていても、ネイティブ・スピーカーの間に入って議論に加わるのは並大抵のことではない。留学体験などをお持ちの方はその辺の事情はよくわかると思う。外国人同士であればまだしもである。ネイティブに囲まれての議論となると格別厳しいものがある。

もっとも、ある言語の基礎的なスキルや文法、語彙が相当程度に身についている人に対しては、特訓によってうまくなるということはありうるだろう。実際にそのようなトレーニングを施してくれる語学学校があるようである。

沈黙が金であるはずの日本人も本気で議論を始めたら、そう簡単には外国人に発言権を譲ったりはしない。今も放送されているテレビ朝日の番組に『朝まで生テレビ』(通称、「朝生」)がある。田原総一朗の司会で、二十人前後の参加者が時事問題などさまざまな話題を深夜から朝まで徹底討論する番組である。ごらんになった方もいらっしゃると思う。この番組につきあうにはそれなりの覚悟がいる。午前一時ぐらいから長いときは午前五時ぐらいまで討論が続くか

らである。私なども内容に引き込まれて、ついには空が白んでくるまでおつきあいしたことが何度もある。次の日に仕事のある方は見ない方がいい。

それはまあ、それとして、この番組にタレントのデーブ・スペクターさんが参加したことがある。いつだったか、トピックは何だったのかは忘れてしまった。スペクターさんの日本語力は驚くべきものであることは、皆さんもご承知だろう。テレビに頻繁に現れては、日本語でダジャレなどを連発している。日本人顔負けである。取材メモなどもみんな日本語でとっておられるようである。

このスペクターさんが「朝生」に登場したのだが、私の記憶が正しければ、彼が発言できたのは確か二回ぐらいだったのではなかろうか。三、四時間やっている討論番組で、ただの二回だけである。スペクターさんもどっちかと言えば、口から先に生まれてきた方ではないだろうか。その彼が、である。しかも、二度ともあまり文脈に関係なく、前もって考えてきただろうギャグを言っておしまいだったと記憶している。したがって、どちらもほんの数秒の発言だったと思う。

当たり前のことなのである。発言権をとって、それを維持するためには、いろいろなことが必要となる。一番必要なものは、話し続けられるだけの語学力である。もちろん話し続けるだけの内容も必要だが、内容があってもその言語の力がなければ発言権は維持できない。もたも

たしていれば、すぐに他の人に発言権を奪われてしまう。

私の大学院の授業には数多くの外国人留学生が参加したが、その中で、日本語による討論をリードできたり、日本人と対等に議論できたりした留学生は一人もいない。みんなそれなりに優秀な学生だし、それぞれの母語になればあまり無口ではない人たちであった。これなども、ネイティブ・スピーカーに混じって外国語で討論することの難しさを示している事例だと言っていいだろう。

日本人の英語における寡黙ぶりを文化に帰すのは疑問である。確かに、何が何でも言葉で表現したいという迫力に欠けるということはあるだろう。しつこさが足りない感じはする。しかし、それは一応、表現しようと思えば表現できる状態での話である。

しつこさが足りないと言えば、一つ面白いことを思い出したので、蛇足ながら最後につけ加えさせていただく。ワシントンDCに仕事で行ったときの話である。一日の仕事が終わり、夕方スーパーマーケットに夕食の食材を買いに行ったときのことである。外国人の男性（年のころなら四十前後か）がサンドイッチを注文していた。サンドイッチと言っても出来合いのものではない。ウィンドーに並んでいるいろいろなパンと食材を組み合わせて好みのサンドイッチを作ってもらうわけだが、かなりお好みがうるさそうである。パンの種類もそれはそれはたくさんあり、挟む物もこれまた充実（?）しきっている。

かなりいろいろな注文をするのだが、店員とうまく意思が通じない。バターを塗ってカラシをつけて、野菜をひいてその上に……などと、いろいろリクエストをする。男性は延々と注文を繰り返し「そうではなくって、〇〇を次に入れる」などと言って、もういいやといった態度は決して見せない。これは日本人にはなかなかまねできないことだなと思った次第である。

●通じないのは発音のせい？

一般の人はどうも、英語が通じない、英語が話せないのは発音が悪いからだと思いがちである。もちろん発音が原因で通じないこともある。が、発音はそこそこだが、滔々《とうとう》と話し続けることのできる日本人は多くない。（あるいはそういう人はあまり表に出てこないと言った方が正確かもしれない。）

一九八六年十一月のことである。当時の三井物産マニラ支店長であった若王子信行さんが、マニラ郊外のゴルフ場からの帰りに誘拐された。フィリピン共産党の下部組織NPA（新人民軍）のメンバーによるものである。年内に事件は解決せず、次の年には、若王子さんの右手中指（本物ではなかった）の写真などが通信社に送りつけられた。結局一九八七年三月に解放されるのだが、事件が公になると、各種マスコミの報道を通じセンセーショナルな話題となった。ほとんど毎日のようにこの事件に関するニュースがテレビで流された。

このころ、通勤電車の中で、主婦とおぼしき二人の女性がこの事件につて話しているのを聞いた。何でフィリピン人はいつも英語を使っているのに発音が悪いのかというのである。これには驚いた。いつも使っているから訛りが生じるのだろう。いわゆる英米人相手にいつも使っているのではなく、彼らは彼らの共通語として英語を使っているのだから、訛りが生まれるのは当たり前のことである。

近ごろびっくり(?)したのは、脳外科医の福島孝徳先生の発音である。神の手(God's hand)の持ち主、福島先生の発音である。

アメリカの二つの大学の教授をされている脳外科の神様である。ご自分で開発された細かい器具を駆使して針の穴のように小さな穴から手術を行うキーホール・オペレーション (key hole operation) は世界的に有名で、小さな穴しか開けないことから、患者の負担も少なく、手術後すぐに患者が話すのには驚いた。

この先生が二つの大学 (Duke University, University of West Virginia) の内の一つで手術前、スタッフと打ち合わせをしている光景が番組（ＴＢＳテレビ『情熱大陸』）の中で紹介された。その英語はまるで抑揚のない棒読みのような英語であった。この番組、大学の英語教育専攻の大学生に是非見せたいのだが録画し忘れた。

面白いのは、その英語をスタッフが理解していることである。ことは脳の手術にかかわるこ

とである。理解しなかったら人の命にかかわる。が、間違いなく通じているのである。もちろん、専門家同士で専門の話をしているから知識で判断できる部分も多いだろう。それで、発音などの問題は薄まると考えられるが、それにしても、発音、発音と気にするのはどうしてだろう。

国連難民高等弁務官を始め幾多の国際的要職につかれ、現在は日本の国際協力機構（JICA）総裁の緒方貞子さんも発音が必ずしも native-like というわけではない。それでも（というのもおかしいのだが）立派に国際舞台で指導的な役割を果たしてこられた。

ひところ、日本人政治家でまだまだ英語のできる人が少ないとされていたころ、ダントツに英語力があることで有名だったのは、宮沢喜一氏であった。大蔵大臣だったか、首相だったかのとき、英語のネイティブ・スピーカーにもわからない英単語を使って、驚かしたという逸話まである。そのネイティブのお客さんが、「そのような単語は英語にありません」と言うと、宮沢氏は本棚から英英辞典を引っ張り出して、その単語を引き当て、示したのでお客の方が参ってしまったというのである。ちょっと嫌みかなとは思うが、こんな逸話のある人でもその発音となれば、特に native-like というようなものではない。

ついでに、個人的な経験として思い出したのは、前にも述べた日米学生会議の時のことである。英語の達人として、同時通訳なる職業があることを我々に教えてくれた國弘正雄氏がゲス

トスピーカーとして講演をされた。同じ教育テーブルのアメリカ人が He is not fair. と言うではないか。アメリカ人が not fair と言うのはかなり穏やかではない。さて、その理由がふるっている。國弘は私たちアメリカ人の知らない単語を使うというのである。達人というのはどこにでもいるものだと感心した。しかし、その國弘先生の発音は native-like とは言えないものであった。こう私が書いたとしても、たぶん國弘先生は気を悪くはされないと思う。なぜなら、ネイティブ・スピーカーもわからないほどの単語を使う先生の博学ぶりには、発音などたいした意味を持たないからだ。しかも、国際英語ということを標榜されている先生に、native-like の発音などどれほどの意味のあることだろうか。

Native-like な発音と言えば、ジェラルド・カーチス (Gerald L. Curtis) 教授にはだまされた。だまされたと言っても、金品をとられたという意味ではない。

カーチスさんと言えば、コロンビア大学の政治学の教授。一九六七年の衆院総選挙、大分県の自民党佐藤文生代議士の選挙を密着取材して博士論文を書き上げただけあって、日本語はうまい。発音から日本人だと思ったという意味である。

この教授がいつだったか日本の衆議院選の結果分析をラジオで行っていたのだと思う。たぶん、私はタクシーでかかっていたラジオ番組を聞いて、ほんの数分間ではあるが日本人が話していると思った。そのうち、ちょっと訛りがあるのと、話している内容から、これは日本人で

はないなと感づいた。しかし、ほんの数分といえども日本語のネイティブだと思わせたところはさすがである。

私に関する限りは、こうした経験はこの一度だけである。私の耳が良いということを言いたいのではなく、ネイティブ並の発音というのはそう簡単には身につかないということが言いたいのである。

どんなに日本語ができる外国人でも、発音まで日本人をだませる(?)人は多くはない。例外的なのは幼いとき日本で育ったというような経験を持つ人に限られている。例えば、幼いとき神戸で育ったという、経済評論家(野村総研のチーフエコノミスト)のリチャード・クー氏あたりがこの例である。彼の日本語は紛れもなく日本人の日本語だと言っていいだろう。目をつぶって聞いていると外国人が話しているとは思えない。

現在で言えばデーブ・スペクターさん、ちょっと古いがイーデス・ハンソンさんなどの日本語は書かれたものを読めば、日本人が書いたと思うような完璧なものである。よくここまで習得されたと敬意を表さずにはいられない。

しかし、このお二人も、その発音となるとネイティブ(つまり日本人)と間違うことはまずない。イーデス・ハンソンさんの日本語は関西調であるが、それとて、本物の関西弁ではない。発声法も違っていると思うが、目をつぶって聞いていて日本人と間違うということはない。と

てつもなく日本語のうまい外人ということがすぐわかるような日本語である。

大橋巨泉さんは珍しいタイプ。非常に英語をしゃべり慣れている。堂々とやり合うのは非常によいと思う。その態度が気に入らないという日本人が多いのは大変に興味深いことである。堂々と渡り合えと言うかと思うと、巨泉さんのように堂々としていると態度がデカイと文句をつける。非常に奇妙な心理である。

もとＮＨＫの記者で、現在アメリカのシンクタンクの研究員を務めている日高義樹氏は毎月一回、『日高義樹のワシントン・リポート』というテレビ番組を日本で持っている。日高氏は東大の英文科出身であるから私の先輩ということになる。

これは、多くの場合、アメリカの政府要人などのインタビューを中心として、世界情勢を分析レポートする番組である。新年には恒例で、もと国務長官のキッシンジャー氏を招いて、その年の予測をしてもらう。そのため、日高氏の英語にもよく接することになる。彼の英語も使い慣れた英語ではあるが、発音はお世辞にも良いとは言えない。例えば、thとsの区別がつかないことの方が多い。表現もかなり単純である。Or something like that（～とかなんとか）などといった表現が多く、言葉を費やして説明できていないことがある。しかし、それで十分用が足せるのがわかる。なにせ、アメリカのシンクタンクが彼を主任研究員として雇っているのだから、そのことがわかるというものである。

日本人に割合少ないのが、発音はかなり訛っているが滔々と話し続けるタイプである。日本人に少ないこのタイプも、他の外国人(英語を母語としない人たち)となると結構多い。今、その人の英語を日本で聞ける人で、このタイプの典型は、オリックス・バファローズの主砲カブレラ選手だろう。彼の母国はベネズエラだから、母語はスペイン語のはずである。試合後のヒーローインタビューなどではスペイン語訛り丸出しの英語でペラペラとまくし立てる。たぶん、途中にスペイン語も混じっていると思うが大変に聞きづらい。

しかし、ここで私が指摘したいことは、彼の発音の善し悪しではない。むしろ、発音は大変に悪いが、とどまるところを知らず話し続けることができるということである。と、ここまで言うと、それは、スペイン的文化のせいだと言う人がいる。後でも述べるが、こうしたことをすぐに文化のせいにする前に、日本人が控えめだから話し続けられないのではないことを指摘しておきたい。

確かに、何でも思ったことは口に出していう傾向にある文化はある。しかし、日本人には次々と英文を作っては口の外に送り出すことのできる人はそんなに多くない。控えめな人でも、自己顕示欲のかたまりのような人でも同様である。しかし、カブレラ選手はそれができるのである。

ただ、本当に発音で通じない例もあることはある。留学生時代の友人で四年ほどアメリカに

いた人だが、コーヒーを注文してコーヒーが出てきた試しがない。四年もいて何回も試しているから、ある時たまたま通じなかったというわけではない。正真正銘(?)通じないのである。ただし、ご本人の名誉のために付け加えておくと、通じないのはこの発音だけである。コーヒーを注文するとコーラが出てくることが多い。英語ではコーラはコーラでなく、普通の頼み方は、コークである。私は専門柄おせっかいにも、彼に発音のヒントを伝授申し上げたのだが、どうしたわけか彼はこのヒントを参考にしてくれない。何となくこの点については意固地になってしまっているのである。

私の伝授したヒントは、コーヒーは英語では(特にアメリカ英語では)「カフィー」のように頭の音を「コ」ではなく、「カ」だと思って発音するとよく通じる、というものである。しかし、彼はどうしても「コ」と言ってしまう。逆にコークの方は、紛れもなく頭の音は「コ」である。飲み物を注文するような場所では、ウェイターやウェイトレスは、「カ」なら coffee であり、「コ」なら coke といった単純な反応になっている可能性が強い、というのは私の理論(?)である。多少、眉につばしてお読み願いたい。が、私としてはこの理論(?)には自信がある。

ところが、である。この友人、どうしても「カフィー」と言うのに抵抗があるらしく、このように発音してくれなかったのである。したがって、私が一緒にいた約三年間に関する限り、

彼はこの注文に成功しなかったのである。

この項ではだれの発音が上手だの下手だのと勝手なことを言ったが、発音のことのみの話であって、それぞれの方々のお仕事に文句を言っているわけではないことを、ここにお断りしておきたい。念のため。むしろ、発音に関係なく、ちゃんと仕事をしている方がたくさんおられる。発音が悪いから通じないと思い込まない方がいいというのがこの項の趣旨である。

参考文献　Gerald L. Curtis（1971）*Election Campaigning, Japanese Style*, Columbia University Press（『代議士の誕生――日本保守党の選挙運動』山岡清二訳、サイマル出版会、一九七一年、新版一九八三年）

●英語は論理的？

英語は論理的な言語、日本語は情緒的な言語だとよく言われる。何となくそんな気もしないではないが、よく考えてみると、よくわからない。

ある言語が論理的というのはどういう意味だろう。よくわからない。私にとってわかりやすいのは、言語を論理的に使うか使わないかということである。日本語を論理的に使うこともできれば、英語を情緒的に用いることもありうるだろう。

私の経験から言うと、英語を母語として話す人（つまりネイティブ・スピーカー）がおしなべ

て論理的思考をする人だとはどうしても考えられない。これなども常識でわかることだろう。英語のネイティブ・スピーカーがすべて、論理的思考の持ち主であるはずはない。同様に、日本語を母語とする人たちがすべからく、非論理的であるということも考えられない。

それなのにどうして、英語は論理的云々という話がこうも出回ってしまうのだろうか。これなども英語となると常識が停止する例の一つに数えられるのではないだろうか。

言語によって思考が影響を受けるという話は、サピア＝ウォーフ (Sapir-Whorf) の仮説というものだが、これにも強い仮説と弱い仮説というものがある。強い仮説というのは、思考が言語によって強い影響、あるいは制約を受けるとする考え方だが、今となっては、この強い仮説を支持する人はあまりいないのではないだろうか。

例えば、日本語では、単数、複数という区別をしない。もし、これによって日本語を母語とする人間の思考が強く制約を受けるとなると、日本語のネイティブ・スピーカーは単数、複数の区別がよくできないということになってしまう。しかし、実際はそんなことはない。

ただ、英語が論理的な形式を作ることをルールとする言語であると言えば、私としても少しわかりやすくなる。英語では何かを言ってから、その理由を付け加える方が落ち着きがよい。I like Tom. と言って終わるより、その後に、because he is very kind. などと because が付いていると何となく据わりがいい。

　こうした形式を整えることが落ち着きをよくする言語だと言われればそうかもしれない。ただし、because 以下が大変に論理的であるかどうかはあまり大切ではないようである。I like Tom because I like him. などとあまり論理的ではないことを言っても、because が付いていた方が取りあえず据わりがいいといったことが「英語は論理的」の正体なのではなかろうか。

●カタカナが悪い？

　最後は、八つ当たりとしか考えられない批判をする人の話である。こうした人はかなり多くいる。

　カタカナ英語が悪いと言う人である。日本人の英語下手の原因の一つは、カタカナで覚えた英語があるからで、そのせいで発音が通じないというのである。

　英語にカナを振って、その通り発音しても通じにくいことは、容易に想像がつく。したがって、ここで非難されるべきは、カタカナ英語を英語だと思ってそのまま通じるものと考えていることであって、カタカナ英語そのものの罪ではない。

　ある人などは、英語をカタカナにするときに原音に近いカタカナを当てないからいけないのだと言う。なぜ英語を日本語に取り込むときに、英語で話すときのことをそうも考えなければならないのだろうか。カタカナはそもそも日本語であって、英語ではない。

確かにこれからは、事情が許せば、原音に近いカタカナにしておいても罰は当たらないかもしれない。現に以前使っていたカタカナから違うカタカタ表記に変えている単語もある。たとえば、以前は第二次大戦中のアメリカ大統領は、ルーズベルトということになっていたはずである。しかし、このごろはローズベルトと書かれることが多くなってきていると思う。

しかし、それならこれも変えた方がいいというものもあるので、この風潮は必ずしもそんなに強いものではなさそうである。ルーズベルトをわざわざローズベルトと言い換えるのなら、「アカデミック・アワード」などもアオードと言った方がいいのではないか。

それはそうとして、そもそも本当にカタカナでは通じないのだろうか。私が以前、卒論指導をした学生がこのことを研究した。百三十個の英単語を選んで、それらの発音をカタカナで表し、中学生に読ませて録音した。中学生はそれらの単語を一つも知らないので、カタカナから本当の英単語を想像することはできない。録音したものをアメリカ、イギリス、オーストラリアのネイティブ・スピーカーたちに聞かせて、書き取りのテストをした。

さて、読者諸氏は、百三十個の単語のうち正しく書き取れたのは何個ぐらいだとお思いだろう。

答えは、平均四十八パーセント、つまり、だいたい半分は正しく書き取られたのである。この数を多いと思うか、少ないと思うかは読者諸氏の期待値による。

もともと英語でもないカタカナ語を英語ができない原因と考えるのに無理があるが、実際にどのくらい通じるかを考えると、私としてはそんなにカタカナ語が責めを負わなければならない状況にはないように思える。

参考文献　カタカナがどのくらい通じるかについては、K. Migita（1986）*Difficulties of English Phonetic Notation in Japanese Syllabaries*, Unpublished graduation thesis, Tokyo Gakugei University.

英語学習法神話

●子どもが覚えたように覚えればいい？

英語を「学ぶ」からいけない、英語は「自然に覚えれば」いい、というような趣旨のことは従来から言われ続けてきた。

「あなたが日本語を身につけるとき、文法などを勉強しようとしましたか。そうではないでしょう」などという外国語学校の宣伝文句に、「そう言えばそうだなあ」などと踊らされてはいけない。

「あなたが日本語を身につけるとき」というのは、第一言語(母語)の話である。英語は第二言語である。しかも、外国語である。

外国語も含めて第二言語という言い方をする場合もあるが、この二つを使い分けるときは、第二言語の方は、学んでいる人がその言語の話されている社会で生活している場合を指す。外国語の方は、学んでいる言語がその社会で使われていない場合である。

日本人が英語を学んでいる場合は、英語は外国語ということになる。英語は日本の社会の中で通常使われていないからである。

第一言語(母語)は、言語習得装置(Language Acquisition Device, 略してＬＡＤ)という装置が働いて習得されるという考え方が主流である。したがって、学ばないのに自然に身についてゆくような印象になる。

ところが、第二言語や外国語となると、この特殊装置が働いてくれるかどうかがよくわからない。

第二言語や外国語の場合、第一言語の習得に似たようなところもあるが、全面的に同じではなさそうである。

第二言語習得の研究からは、子どもも大人も同じような道筋をたどって言語を習得するらしいというほどのことはほのかにわかっている。しかし、その場合でも、大人の方が子どもよりペースの遅い部分と、逆に早い部分とがありそうであることも、同時にわかってきている。また、第一言語によっては、道筋が少し違うということもわかってきている。したがって、一概に子どものまねをすれば、英語が順調に身についていくという保証は今のところない。特に、外国語の習得となると、よくわからない。

習得問題については、パートⅡでまた触れることになるので、詳しくはそちらに譲る。ここ

では単に、常識で考えて、子どもが母語を習得するのと同じことが、外国語を学ぶ場合でも通用するかどうか考えればよい。

子どもが言葉を覚える過程は参考になるが、そのとおり大人がやればいいというのは、明らかに言い過ぎであるということにはすぐに気づくはずである。

母語を習得するとき、赤ちゃんはその言語が使われている環境にどっぷりと浸かっている。どっぷりと浸かっているところは、第二言語の場合も同じであるが、外国語の場合はそうではない。このパートの冒頭でも述べたように、英語の場合、「どっぷりと浸かる」どころか、英語に触れているのは、生活時間の三パーセントにも満たない。バスタブに浸かっているどころではなく、シャワーを浴びているというイメージからも遠く離れている。二、三滴、ぽつぽつと水滴が落ちてきたぐらいのことである。

しかも、第二言語、外国語の場合、学ぶ人の頭の中には第一言語という先住民(?)がすでに住んでいる。この先住民との関係がなかなか難しい。この先住民が新参者を快く受け入れてくれない場合も多い。

だいたい、赤ちゃんが言葉を覚えるのに、教材を使ったりするはずはもともとない。赤ちゃんが語学学校へ通って母語を教わった、ということも聞いたことがない。子どもが身につけたように言葉は身につけなければならないというのが本当なら、語学学校など商売あがったりに

なるはずである。

ただ、「英語は子どもが習うように……」という主張の奥には、「英語について、理屈で理解しても、使えるようにはならない」という考え方があるのだろう。我々の経験から言っても、英文法の知識を増やすような学び方をしている人が、その学び方のために英語が身についていないという例が実際にたくさんある

文法が身についていなければ、英語でのコミュニケーションはできない。このことは完璧に正しい。問題は、身につくような学び方かどうかということである。

文法を身につけるのではなく、文法用語を身につけることに憂き身をやつしている人が少なくない。しかも、英語そのものの運用能力が十分に身についていないという人も少なくない。それが問題なのである。そして、それを文法学習のイメージとして持っている人が、文法を学ぶなと主張するのである。

「to不定詞の用法を言え」と言われれば、たちどころに暗唱してみせるが、実際には使えない、そんな学生はたくさんいる。このことが問題なのである。こういう学生が多いと、理屈で英語をやろうとすること自体問題だ、と言いたくなってしまう人も出てくる。だから、ついつい度を超して子どものように学べということになってしまうのではないだろうか。

●習得と習熟

社会人になっても敬語の使い方一つ知らない、などとは会社に入ったばかりの新社会人が上司や先輩から言われることだろう。日本人であれば、社会人になっても日本語が使えないということはないだろう。もちろん、「日本語の使い方を知らない」ということはあるだろうが、それは「てにをは」を頻繁に間違えるか、基本的な語順をミスするということは意味しない。「私、行く、公園へ」などとまじめに言う日本語のネイティブ・スピーカーはさすがにいない。「てにをは」や語順は、日本語の習得に属するものである。

これに対して、もっと高度(?)な次元の母語の使い方となると、これは習得ではなく、習熟に属する話になる。

習熟となると、上司や先輩に怒られてしまうような人たちは存在する。お得意先からの電話に、「うちの社長さんは今お留守です」などとやって先輩にしかられる新入社員君はいるのである。

身内の恥をさらすようだが、我が勤務校の学生諸君でも、父《ちち》、母《はは》と言える人は少ない。たいてい、「うちのお母さん」であるとか、「僕のお父さん」である。ために、「父がそのように申しております」などと言える学生に会うと、思わず顔を眺めてしまう。いったいどのようなご家

庭にお育ちになったのかと思うからである。しかし、この程度のことは、大人の言葉遣いとしては本当の初歩の初歩であるはずである。

言語には、その場その場にふさわしい言葉遣いというものがある。もうすぐ成人式という人が、場にふさわしい言葉遣いができないのでは怒られても致し方ない。しかし、それは母語についての話である。外国語として習っている英語について、中学生や高校生がその場にふさわしく使うことができないから怒られるのでは、いささか酷というものではないか。

つまり、習得も覚束ない段階から、習熟を云々するのは無理なのである。

我が大学に来ている留学生なども、時々「先生、明日パーティーに来るか」などと言うことがある。そんなときは、一応、Yes か No かを伝えた後、その言い方は先生に対してはふさわしくないのだということを丁寧に指摘して、日本語を勉強してもらうことにしている。うちの大学の留学生のほとんどは日本語学習歴二年以内ぐらいの人たちである。日本人でも手を焼いている敬語表現ができないからと言って、「その言い方は何だ！」などと怒る気持ちにはならない。

英語には敬語がないと言う人がいる。確かに、敬語というカテゴリーの特殊な語彙はないのかもしれない。しかし、丁寧な表現、相手に敬意を表す表現はある。おそらくどの言語にもあるのではないだろうか。それは、どんな社会でも、丁寧に表現したり、相手に敬意を表したり

する必要があるからである。

ところが、このごろ、言語の使われている場面や働きに注意せよということが学習指導要領に書かれるようになった。確かにこうしたことに意識を持つこと自体は悪いことではないのだが、特に中学生に対してはあまりこのことは強調されない方がいいと私は思う。

まず、習得をめざし(と言ってもそう簡単には習得もできないが)、習熟は視野には入れても構わないが、こちらに多くを期待するのは間違っていると私は思う。

●内容がない?

習得と習熟の混同と似ている現象(?)に、話す(あるいは書く)「内容」についての議論がある。

コミュニケーションに大切なのは How to ではなく、What to だと言う人は多い。つまり、大切なのは内容なのだ。英語がただペラペラしゃべればいいというものではない。内容のあることがしゃべれないといけないのだというのである。

確かに、内容のないことを滔々とまくしたてるより、中身のある話をちゃんとできた方がいいには決まっている。しかし、ここで注意しなければならないのは、内容とは何を指しているのかということである。

普通、母語で内容のある話と言ったときは、人が傾聴に値するような中身のことを指す。しかし、外国語の場合、これと同じレベルで考えていいのだろうか。中身のある話、傾聴に値する話など、母語でやるにしてもだれでもできるという代物ではない。

母語なら、普通に使える状態からスタートして、中身のあることが言える状態をめざす。外国語は何も使えない状況からスタートして普通に使える状態をめざすわけである。前者のスタート地点が、後者ではゴールになっている。これは大きな違いである。

「英語が使える」と言っても「ただ使える」というレベルから、「うまく使える」、「見事に使いこなせる」というように、いろいろなレベルが存在する。日本語で考えてみればすぐわかることである。外国語として英語を習っている身としては、まず、何でもいいから使えるようになるということをめざすしかない。その上で、もっと上手に使えるようになろうと努力するということになる。努力次第でかなりうまくはなるものである。

外国語として学んでいる外国人がネイティブ・スピーカーもうらやむようなレベルに達することもたまにはある。中国文学の碩学、吉川幸次郎先生の中国語は中国人もうらやむようなレベルだったそうで、中国人が「吉川先生のような中国語を使ってみたい」と言っていたそうである。英文学者の平野敬一先生も夏休みにはカナダの大学で英作文を教えていらしたと聞いている。どの世界にも達人はいるものである。

●機械的な反復練習は無意味？

学校でつまらない練習をやらせるので、英語が身につかないのだという批判もよくある。反復練習ばかりで他のことは全くやらないのなら問題だが、反復練習はやはり必要なのである。

簡単な文などを繰り返し練習させられると嫌になって、もっと大人の会話や、大人の読み物などから入っても外国語が身につくのではないかと思ってしまいがちである。かく言う私も、いろいろな外国語に手を出したが、そのときにこのような思いに駆られることが多く、試しにいきなり難しいものを対訳などで読んでみようとしたことは何度もある。しかし、成功した試しはない。簡単な日常会話ではなく、ビジネス会話などに一挙に進んでみようと考えて試したこともある。これまた、成功したことはない。

高校の先生の中には、反復練習など意味がないと言って、生徒に練習させない人もいる。しかし、外国語はやはり反復練習を必要とする。反復練習に問題があるとするなら、そればかりでそこから発展しないこと、あるいはそこからの発展を計画せずに教えることではないだろうか。

大学の附属中学校での研究授業を見た。中一の授業である。生徒たちは皆なかなか優秀である。ペアになって、先週末に何をしたか話し合う活動で授業は締めくくられた。先生の作った

プリントが配られ、そこに質問や自分のしたことを書き込む欄が用意されている。最初のペアでは、プリントを見ながら会話を行う。一回目が終わったところで、パートナーを変えて同じことをやるように先生が指示した。列で一人ずつずれると違うパートナーとのペアワークになる。二回目が終わると、また一人ずれて違うパートナーと先週末の話をする。今度は、なるべくプリントを見ないで話しなさいという指示が出る。そして、四回目の指示が出ると、「えー、まだやるの」など、ブーイングが出る。同じパターンも四回目になるとさすがに飽きてくると見える。先生の方は、そんなブーイングにはお構いなしに、今度はもうプリントを見ないでやりましょうと指示を与えた。どうなることかと見守っていると、ペアワークが始まったが、ほとんどの生徒がプリントを見ずに相手を見ながら実に自信たっぷりに話をしている。このときに私はつくづく感じた。反復練習は本当に大切なことだと。ただし、見逃してはならないのは、パートナーを変えているということである。そして、その都度、指示も変わっているので、やるたびごとに課題がチャレンジングになってくるのも大切なことである。

まか不思議、学習指導要領の世界

平成十年改訂の学習指導要領から、「実践的コミュニケーション能力」という言葉が使われるようになった。

この言葉は、しかし、考えれば考えるほどよくわからない言葉である。単にコミュニケーション能力ではいけないのだろうか。

実はこの改訂のとき、私は協力者として学習指導要領の作成に携わった。その過程で、こうしたわからない言葉を敢えて使う必要はないから、使うのを止めようと何度も提案した。しかし、この言葉を使うことはもう決まったことだからということで、結局使うことになってしまった。今でも、自分の力不足と、責任を感じている。

その後、教員の研修会などで学習指導要領の内容を説明するときなど、何度も「実践的コミュニケーション能力があるのなら、非実践的コミュニケーション能力というのもあるはず。その違いは？」などと、意地の悪い質問をされた。

どうしてこのようなわけのわからない言葉を使うようになったのだろうか。

●ショッピングの英語はやさしいか

私が学習指導要領の作成に関与したのは平成十年度版を作るときが最初だった。そのときの英語の学習指導要領の目玉は、「実践的コミュニケーション能力」というものであった。私にはこの言葉の意味がわからなかった。そして、未だにこの言葉の真の意味がわからないでいる。

学習指導要領の作成協力者会議というものは、当時、教育課程審議会というものの下にあった。こういう場合、教育課程審議会は、作成協力者会議の親委員会であると言う。こちらは子ども、あちらは親ということである。協力者会議のメンバーだった私は、学習指導要領作成の最中に、この親委員会の委員に実践的コミュニケーション能力とはなんぞやということを尋ねる機会があった。その委員は、「例えば、ショッピングや電話をかけることができるような力」であると説明してくれた。しかし、私の理解はまったく進まない。

ショッピングぐらい英語でできれば楽しい、そう思う人は多い。けれども、ショッピングにそれほどの語学力がいるのだろうか。

答えは、Yes and No である。

もともと定番のショッピングに言葉がいるだろうか。定番のショッピングとは、お店に行ってその店で普通に売っているものを、普通に買う場合である。論より証拠、最近のコンビニな

どでの買い物では、ひとことも発せずに買い物をすることができる。時々、「お箸、おつけしますか」とか、「お弁当温めますか」（何となく私の私生活がばれているような気がするが）などと質問されるので、それに答える程度で用が足りる。答えといっても、「ええ、お願いします」とか、「いいえ結構です」程度で、強いて言葉にしなくても身振りで片づいてしまう。

お店の人だって、買い物客らしい人が入ってきて、商品を手にとってレジのところに持ってくれば、それを買いたいのだろうと思うのは当然で、財布を出す仕草をすれば値段を教えなければと思い値段を伝える。伝えられた方はお金を財布から取り出してレジに渡し、おつりがあればそれをもらって店を出て行くということになる。値段がよく聞き取れなければ、少し大きめのお金を出して、おつりをもらう。これが定番ショッピングである。この間、言葉が交わされるのはお金の出し入れの時のみである。

しかし、定番ではなくなると話はがらりと変わる。お目当ての商品が見当たらない場合、店員さんに商品の在庫を尋ねなければならない。言葉が必要になってくる。

同じような商品はあるのだが色が違う、同じようなものでもサイズが違うなどとなると、「もう一回り大きいものはありますか」、「同じものでベージュのものはありますか」、「袖は詰められますか」などという質問が必要になる。取り寄せなくてはならないとなると、もっと説明する力や相手の説明を理解する力が必要になってくる。このようにショッピングも定番から

はずれてくると、言葉の力がものを言うようになってくるのである。

●電話ぐらいかけられなきゃ

電話はどうだろう。電話をかけることができる力というのは、最小限で言うと言葉の力ではなく、ボタンを押せる力のことになる。ボタンを押せば電話は「かけられる」のである。

もっとも、その昔ダイヤル式電話が普及し始めたころ、かけ方がわからない人がたくさんいたのだそうである。桂文珍の落語のまくらには、その事情が述べられている。取扱説明書には、穴に指を入れて回すとあるので、穴に指を入れてそのまま手の方を回していて、ダイヤルが動かないのでかけられなかったというのだが、どこまで本当かは落語のことである、ちょっと割引して考えた方がいいだろう。

本題に戻ろう。もちろん、かの審議会委員の方はそのような意味で「かけられる力」と宣《のたも》うたわけではないのは明らかである。

そうなると、電話で用が足せるということになるが、これはそんなに簡単な力でもないし、定番の表現ですむようなものでもない。なぜかというと、電話特有の表現があるとするなら、それは相手が電話口に出るまでの話だからである。「もしもし」であるとか、「だれそれさんいますか」であるとか、「後でかけ直します」、「私に電話くださいとお伝えください」等々という

のはあまりバラエティはない。

相手が出たら、後はありとあらゆる会話が展開される可能性がある。要件、話題によるからである。映画に行こうだの、デートしようだのというスケジュール調整的なことを典型的に思い描きがちだが、そうとも限らない。

学生が先生に電話で質問することもある。専門領域の話で議論することもある。人生相談に応じてもらうこともある。親が都会で大学に通っている子どもに「元気でやっているか、ちゃんとご飯は食べているか」と確認する電話もある。アメリカの大統領が日本の首相に「就任おめでとう」などと言う電話だってありうるのである。

また、特に用事のないとりとめのない電話も現代ではかなり頻繁に交わされるはずである。ケータイで学生が話しているのを聞いていても、電話で単に雑談をしているだけである。特に用事はないことの方が多い。

こう考えてくると、実践的コミュニケーション能力の典型例が電話がかけられる力であるとするのは大変におかしい。

●文法かコミュニケーションか？

文法かコミュニケーションか、などという対立(?)もある。実際にある中学校の英語の先生

が、「これからは文法ではなくコミュニケーションの時代だ」と言っているのを聞いたことがある。

この先生の言いたかったことは、下手な文法授業では英語は身につかない。身につけるためにはそれなりのコミュニケーションが成立しやすいような授業をするべきだということだろうが、こんなに単純な表現をされると、誤解が誤解を生んできてしまう。

問題となっているのは文法の授業であって、文法そのものの価値ではない。文法が身につくような授業が大切である。文法用語を覚えるような授業で必ずしも文法が身につくとは限らない。生徒の中にも、不定詞の用法を言えと言われれば、たちどころに、～用法、～用法と言えるのに、その～用法を使うことは全くできない人がいる。これでは困るという話で、文法がコミュニケーションにいらないなどということはあり得ない。

言語を使ってコミュニケーションをする際に、その言語の文法を習得しないではコミュニケーションもはかどらない。確かに、文法が身についていなくても、単語だけ並べればわかるときもある。

しかし、でたらめに単語を並べられては、話が込み入ってくるとコミュニケーションが成立しなくなる。

入試が諸悪の根源？

「旧態依然たる大学入試があるから高校の英語教育がおかしくなってしまう。入試が諸悪の根源である」という主張をする高校教師がかなりいる。

入試問題を詳しく調べている高校教師がこう批判するなら傾聴に値するだろう。しかし、案外、最近の問題を調べずに入試問題がけしからんと言う人はいるのである。

確かに、大学によっては、入試が諸悪の根源、と言いたくなるほどひどい問題もないことはない。しかし、大学入試問題はゆっくりとだが改良されてきている。

また、入試があるからと言う人の中でも、「では入試に英語がなかったら今の教え方をどのように変えるのか」という質問に答えられない人が結構いる。入試があるから理想的な英語教育ができないと言うなら、入試が邪魔していてできないことは何なのか、入試がなくなれば真っ先に何をしたいのかをはっきり示してほしいが、それをやれる人はあまりいない。

大学の附属高校で、ほとんど内部進学できてしまう高校の先生がぼやいていた。ほとんど内部進学なのだから大学入試はないのに、やっている英語教育は入試があるからと言ってやって

いる他の高校のそれと全く変わらないというのである。なぜこうしたことが起きるかと言えば、高校における英語の教え方をどこでも訓練されたことがない人が多いからだということがまず考えられる。

文科省の統計によると、高校の教師の八割が一般大学卒である。（ただし、これは全教科を通じての数字である。）一般大学で教師免許取得のために取らなければならない英語の教え方についての科目は一つだけであることが多い。現に、法律（教免法）では二単位取ればいいことになっている。二単位となれば通常一科目で足りる。

一科目だけの履修で教師になってしまうわけであるから、いざ高校で教えるということになれば、教え方は自分が習ったやり方以外にはすぐには考えつかない。研修が充実していれば、そこで新しい教え方を仕入れることはできるが、教科の教え方についての研修はあまり受ける機会がない。

教師になって一年目の研修（初任者研修）はあるが、教科についての研修はあまり多くない。都道府県による違いがあるものの、その後はだいたい五、六年目の研修ということになる。この研修は教科について行うことが多い。それにしても、宿泊するのではなく通いで一週間を超えることはまずないと考えていいだろう。

教え方というものは、ちょっと話を聞いただけで理解できるものではない。まず、そのやり

方を使って生徒の立場で学んでみる必要がある。私は、教員研修の講師を務めるときはたいてい参加者を生徒に見立てて、模擬授業形式で行うことにしている。これなら、まねをしてすぐに使ってくれるかと思いきや、なかなかそうはいかない。

なぜかと思って調べてみると、生徒として体験しても、教師としてその教え方をどのようにするかがすぐにわかるわけではないということのようである。つまり、教師（模擬授業では講師）の指示に従って活動を行って、面白い教え方だと思っても、教師がどのような指示をどんな順序で出していたかは覚えていないことが多い。したがって、研修から自分の学校へ戻って、新しい教え方を試してみようとしたときに、指導の仕方がわからないことにはたと気づくのである。

こういった事情らしいので、このごろは、まず模擬授業で私が教師役、参加者の先生たちには生徒役になってもらって一度体験してもらい、その次には、参加者の何人かに教師役になってもらって、今度は教え方を体験してもらうようにした。

このようにしてから、まだ日が浅いので、このやり方の効果についてはまだ手応えがあるわけではない。しかも、このやり方は大変時間がかかる。教師役を体験した人は少しは使えるようになるかもしれないが、参加者全員に教師役を経験してもらうわけにはいかない。

●大学入試に英語があるわけ

大学が入試に英語を課す理由はいくつかある。最も真っ当な(?)理由は、大学での教育に英語が必要であるというものだろう。しかし、その必要性の内容を見てみると、英語教育のトレンドから見るとちょっと不幸な(?)事実が浮かび上がる。大学での英語の必要性は、やはり英語の文献が読めることが一番大きい。英語の本、英語で書かれた論文などが読めないと不便であるという分野は多い。特に理科系、科学技術の分野ではその傾向が強いだろう。

英語の文献が利用できないとなると本当に困る分野は少なくない。私自身もそうした経験を比較的最近した。英語教育を教えていると日本語で書かれた教科書を使うことはある程度できる。しかし、十年ほど前に新しくできた多言語多文化コースという大学院のコースを担当することになって、英語の文献を使えることのありがたさを嫌と言うほど味わった。

このコースでは多言語多文化社会に生きる人々についてのいろいろな研究成果を紹介するものだったのだが、英語専攻と違っていろいろなことを教えている現職の先生方がゼミに参加した。小学校の先生もいれば、高校の社会科の先生、国語の先生もいるといった具合である。私は英語専攻をずっと教えていたため、英語の教科書を選ぶことが自分にとって常識化してしまっていて、この新しいコースでも英語のテキストを選ぼうとしたのであった。

ところが、受講者からはできるだけ日本語で書かれたものにしてほしいとの要望が出されたのである。考えてみれば、無理もないことである。英語で何かを読むなどということは大学を出てから全くと言っていいほどなかった人たちが、いきなり英語で書かれた教科書を渡されても、困惑するだけだろう。

そこで、多言語多文化についての使えそうな日本語の書籍を調べたのであるが、これがほとんどないという状況である。少なくとも英語の文献と比べた場合の話であるが、英語の文献は掃いて捨てるほどあるのに、日本語の本は数えるほどしかなかったのである。この時ほど英語の文献の大切さを知った時はない。

その次には、英語で論文を書けるということが続くのではないだろうか。これも、理科系に多い現象であろう。医学や科学技術の分野でも、学部生ではまだそれほどではないだろうが、本当に先端的な研究をするとなると、英語で論文を書くということは必須条件になる。「日本語で書いた大学紀要論文などというものは紙くずに等しい」ということは科学者からよく聞く話である。国際誌に英語で論文を載せなければ一人前とは認めてもらえないということのようである。

その次ぐらいに来るのが、英語で口頭発表する力であろう。ここまで行くと分野の格差がかなり開くし、どのくらい本格的に取り組むかによっても異なる。プロになる人にとっては英語

で口頭発表する能力は必要だろう。書いていった論文を読み上げるだけならまだそんなに難しくないのだが、発表した後の質疑応答にも耐えられなければならない。

私の実際に見たことでも質疑応答で苦しむ日本人の姿の記憶がある。ある国際学会で日本のある著名な英語教育の研究者が、英語で口頭発表後に質問を受けたのだが、質問が理解できないらしい。目を白黒させて黙って質問者の方を見ているだけだった。質問者の方もそんな様子を見て、「こりゃ駄目だ」と思ったらしく、答えを得るのをあきらめたようだった。

もちろん、英語圏に留学したい場合はこれまで書いてきた能力すべてと、英語で生活できる力も必要になってくる。

最後あたりに来るのが、一般的な国際交流の機会に外国人と片言でもいいからつきあえるぐらいの会話力となる。昨今、大学では留学生や、一時的に訪問するグループなど、外国人との交流機会は多くなってきている。そうしたときに尻込みせず、身振り手振りも使って歓迎の意志を示す程度の英語力が必要になる。

つまり、大学で必要な英語力と日常会話的なレベルでのオーラルの能力との間にギャップがあるということが不幸の原因なのである。

実際に酷い問題もまだある。しかし、大半の問題はそのように酷いものではない。社会一般に、酷い例が出てくるとすべてがダメなような議論が行われる。特にマスコミの取り上げ方は

こうした扱いが多い。マスコミは「例外的な問題」という処理を嫌い、「構造的問題」にしたがる癖がある。

Part II

常識が通じなくなるわけ

さて、ここまで英語教育に関する判断が、ともすれば常識を逸脱していることをいろいろな側面から描写してきた。

パートⅡでは、英語教育の話になるとなぜ、常識的判断が鈍りがちになるかを考えてみたい。

常識が通じなくなる状況とは ～一般的に言えば～

そもそも、一般的に考えてみて、人が平常心を失うのはどういう状況でであろうか。私の頭に浮かぶのは次のような場合である。

熱中→教育熱、自分が苦労した分、子どもには……
あがり→外国人に弱い
あこがれ→欧米志向
「空気」・ムード→流行

何かに熱中すれば、当然人は平常心を失う。平常心を失った状態が何かに熱中した状態だとも言える。

●熱中

人が何かに熱中しているとき、常軌を逸脱した行動をとることはあるだろう。むしろ、常軌を逸脱した状態を熱中状態と言う方がいいのかもしれない。

研究に熱中するあまり、時計を熱湯につけてボイルしてしまった科学者もいるとかいう。歩きながらものを考えていて電柱にぶつかる人もいる。注意が一方向に向いているとき人は変な行動をとる。英語教育に関する論議とこの「熱中」との関係は後で論じる。

●あがり

熱中と似ているが「あがり」も平常心を失わせる。こちらも正しくは、平常心を失った状態を「あがり」と言う方がいいのかもしれない。

私は高校野球の大ファンだが、晴れの舞台、甲子園に来て、とうてい普通では考えられないようなミスをする選手もいる、チームもある。アウトカウントを間違える、ボールをあらぬ方向へ投げてしまう等々、いろいろなミスが出る。

なぜか。それは「あがって」しまったからである。県大会とは全く違った雰囲気、巨大な球場、大応援団、大観衆などにあがってしまうということがよく見受けられる。英語教育の議論と「あがり」は関係があるのか。これも後で考えてみよう。

●あこがれ

「あがり」の原因と考えた方がいいのかもしれないが、「あこがれ」も人から平常心を失わせるものの一つである。

好きな人の前ではいつもの行動ができない、などということは恋愛にはつきものである。あこがれの大スターに握手をされたので、天にも昇るような思いをする、後は覚えていないなどということもある。

広辞苑によれば、「憧れる」とは、アクガルの転、①さまよい出る②物事に心が奪われる③気をもむ④思いこがれる、とある。また、アクガルについては、「あく」は「ところ」、「かる」は「離れて遠く去る」意の古語。魂が肉体から離れる、ということのようである。魂が肉体から離れてしまえば、常識では考えられないことが数々起きるのも無理のないことである。

どうも、英語に対する日本人の「あこがれ」が、英語教育についての議論や行動を常軌を逸したものにしているように思える。

●「空気」

次に厄介なのは、「空気」である。しかも、原因の中で一番大きなものかもしれない。「反対できるような空気ではなかった」とか「そんな提案ができるようなムードではない」などということをよく聞く。

「空気」とかムードとかいったものは、実に厄介なものである。この「空気」に動かされたり、束縛を受けたりして、とんでもないことをやらかしてしまう。日本独特かどうかはわからないが、少なくとも日本人は、こうしたつかみ所のないものに突き動かされやすいことだけは間違いない。

イザヤ・ベンダサンのペンネームで日本人とユダヤ人の比較を行って、大宅壮一ノンフィクション賞に輝いた評論家山本七平氏には、『「空気」の研究』という著作がある。この著作の中で、空気という日本人の行動を分析する上で大切な要素を研究している。

山本氏はこの著作の中で、最近の映画でも取り上げられた戦艦大和の沖縄特攻(天一号作戦と言う)について、当時の軍令部次長小沢治三郎提督が「全般の空気よりして、当時も今日も(大和の)特攻出撃は当然と思う」と戦後(昭和五十年)に述べていることをあげている。

この作戦について少し説明しておくと、太平洋戦争末期の昭和二十年四月、もうほとんど軍

艦が日本になくなってしまっている中で、世界一大きな戦艦大和が無傷で残っていた。この巨大戦艦が無傷のまま敗戦を迎えることは、海軍にとって耐えられないことだったのだろう。大和に少しの他の艦船（ほとんどは駆逐艦という小さな軍艦）をつけて、水上部隊だけ（飛行機がついていないという意味）で沖縄に突入させ、陸上に乗り上げて陸の砲台として沖縄戦を支援しようという作戦が構想された。

戦艦大和の特攻作戦が行われた当時（昭和二十年四月）の段階では、すでに水上部隊が飛行機の護衛をつけずに作戦を行うことは、ほとんど成功の見込みのないことであることが常識になっていた。しかし、作戦は実行され、三千人に上る人々が命を落としている。この作戦に反対だった人は、海軍部内でも少なくなく、無謀であることはわかりきっていた。しかし、小沢のように「空気」には勝てず、結局この「作戦」が実行されてしまったわけである。山本氏の著作から該当箇所を引用してみよう。

大和の出撃を無謀とする人々すべて、それを無謀と断ずるに至る細かいデータ、すなわち明確な根拠がある。だが一方、当然とする方の主張はそういったデータ乃至根拠は全くなく、その正当性の根拠は専ら「空気」なのである。従ってここでも、あらゆる議論は最後には「空気」で決められる。最終的決定を下し、「そうせざるを得なくしている」力をもっ

ているのは一に「空気」であって、それ以外にない。これは非常に興味深い事実である。というのは、おそらくわれわれすべてを、あらゆる議論や主張を超えて拘束している「何か」があるという証拠であって、その「何か」は、大問題から日常の問題、あるいは不意に当面した突発事故に至るまで、われわれを支配している何らかの基準のはずだからである。

（山本七平『「空気」の研究』文春文庫、十六頁）

長々と引用したが、この「空気」は最終的に日本人が、傍《はた》から見ると常軌を逸した行動をした場合、唯一の最終的説明要素となることがきわめて多いように感じられる。

英語教育を取り巻く論議にも、この「空気」でしか説明できないような意見、「空気」のなせるわざとしか言えないような施策が展開されてきているように思える。特に、このところの小学校英語についての議論などは、「空気」の典型例だと言えそうな気がする。

●国民性

国民性などというものも、人間の行動を不可解にさせる。このごろは以前と比べて、この言葉をキーワードにして、行動を説明することが表だっては見られなくなってきている。しか

し、国民性という言葉は使わなくても、パートⅠでも述べたように、こうした考え方を基盤に考えることは今でも行われている。パートⅠで述べた、日本人は「沈黙」を尊ぶ、だから英語がしゃべれないのだというような議論はその典型だろう。

第一、空気に支配されるなどというのも、国民性の一つの表れなのかもしれない。ただし、これが日本人しか持たない国民的性格であるかどうかは定かではない。

●現実と向き合う勇気

国民性との関連はよくわからないが、空気に支配されるという特性は、現実を直視する勇気に関連しているようにも思える。

また、達成目標を高く設定しないと、自分が怠けてしまうのを恐れる、という性格があるように感じる。目標を必要以上に高く宣言しておかないと、怠けてしまうのが恐ろしい。現実を現実通りに表現すると意志が萎えてしまう。

現実的な目標を立てると、達成されてしまう。その後が手持ちぶさたになる。そのことへの「不安」が、高い目標の設定に一役買っているような気がする。妙な言い方だが、そんな気がするのである。

しかし、こうしたことは、人間におしなべて言えることなのかもしれない。

小学校英語を巡る議論で、私は、早く始めて長く続けたいのか、早く始めて早くやめるつもりなのか、と推進派の人に聞いてみたことがあるが、そのような問いを発したことすらないようであった。

常識が通じなくなる状況とは　～英語教育に即して言えば～

一般論はこのくらいにして、こうした一般論を頭に入れた上で、英語教育論議がどうして常識ではちょっと考えられないような状況になるのか、英語教育の政策や人々の行動がどうして常識をはずれてしまうのかを考えてみることにしよう。

●日本人の教育熱　～熱中～

熱中すれば、端から見るとおかしくなるような行動をすると一般論のところで述べた。熱中に関して言うなら、日本人の教育熱がある。ひところよりは少し下火になっているように感じられるし、お隣の中国の一人っ子「小皇帝」にかける教育熱ほどではないにせよ、何せ日本人の教育好きはまず間違いない。

特に、自分の子どもに対する教育熱は大変なものである。私の知人でも、一般論としては受験には批判的であっても、自分の子どものこととなると受験、受験となってしまう人が多い。中学受験をするなら、小四でクラブ活動はやめにするのが「常識」だそうだが、うちの子は

五年までクラブをやっていたから、などと心配そうな人もいる。しかして、お受験に走る。

この教育熱の中の最も熱いところに英語教育が位置していることはまず間違いない。世間一般的に言って、英語がよく使えるということによって、子どもの将来にいろいろな可能性が開けてくることは事実だろう。

別に外交官や商社マンにならなくても、英語を必要とする職種はかなり多い。また、どんな職種に職を得ようと、英語ができればその中でも幅広い活躍ができることは確かだろう。

こうした実情の中、親自身が、英語があまり自由に使えないために苦労したという体験を持っていれば、なおさら子どもには同じ苦労をさせたくない。あるいは、自分のできなかった活躍をさせてやりたい、などと考えるのは無理からぬことなのだろう。

英語教師の中には、教師としては小学校英語にネガティブな人でも、自分の子どもとなると、英語教材を買い与えたり、英会話学校にやったりしている人もたくさんいる。中学からでも間に合います、と自分の生徒やその親たちにはアドバイスする人でも、自分の子どもには、早い時期に英語を習い始めさせなければダメではないかなどと心配している人もいる。

少子化に伴って、自分の子どもには質の高い教育を受けさせたい、と思う親が増えていることは事実である。

もっとも、日本人の教育熱も、国際的に見るとそんなにすごいことでもなさそうである。一

番の教育熱心で有名なのはユダヤ人だろう。英語にも Jewish mother という表現があるが、日本の「教育ママ」というより、ユダヤ人にとって教育で自分を守っていくということに対する表現だと思う。したがって、Jewish mother はお受験のためなら子どもに何でもしてやろうとする甘い母親ではなく、教育なくては実際に生きていけないのだからと、子どもの尻をたたく、厳しい、厳しい母親というイメージだそうである。

このごろは韓国、中国の教育熱は日本人の教育熱をはるかに上回っているようだ。二〇〇二年四月十八日付け *International Herald Tribune* に驚くべき記事(A snip of the tongue and English is yours!)が載っていた。なんと英語の発音をしやすいように舌の手術を子どもに施す親が韓国では増えて、一種の流行になっているというのである。日本の親はよい塾を探して血眼にはなるかもしれないが、r や th を発音しやすくする手術を子どもに受けさせるまでには熱中はしていない。

中国の教育熱もすさまじい。こちらは少子化というより、人口抑制政策(いわゆる、「一人っ子政策」)のため、一人の子どもに莫大な投資もし、プレッシャーもかける。今年(平成二十年)一月に放送されたNHKのテレビ番組では、そのすさまじさの一端が報告されていた。

小学生の子どもが試験で九十点をとっても親は少しも喜ばず、ほめもしない。そればかりか、答案をじっくりと眺め、間違った問題すべてについて正解できたはずだと批判するのであ

る。

もっと驚いたのは、母親が、中学生の息子を職業安定所に連れて行って、学歴がよくないといかに職を得るのに苦労するかという現場を見学させるのである。

こうしたプレッシャーに押しつぶされそうになった子どもたちは教師にSOSを送り、教師は、クラスの子ども全員とその親たちを一堂に集めて議論をさせる。子どもは自分たちがいかに、プレッシャーに悩んでいるかを涙ながらに訴える。これが日本ならば、まず、親子を一堂に集めて、集団討論させるようなことはしないだろう。仮にしたとしても、涙ながらに訴える子どもたちに、親はたじろいで、「我々が悪かった、これからは君らの気持ちもできるだけ考えるようにする」というようなことを約束して、めでたく幕を下ろすのではないだろうか。

ところが、この番組の映し出した集団討論会は、このようなハッピーエンドにはならなかった。ひと通り、子どもの訴えが終わると、今度は親たちが反論に転じる。確かに私たちは、プレッシャーはかけているが、そうしないことには、子どもたちが良い職にもありつけない。すべては、おまえたち子どもの将来を考えてしていることなのだから、ちゃんと理解せよ、と迫る。この反撃にあって、子どもたちは黙ってしまう、ということで幕になったのである。

したがって、熱中（夢中）が英語教育を取り巻く議論に冷静さを失わせている一因であるとは言えるが、このことは日本だけの専売特許ということでは必ずしもなさそうである。

ものごとに熱中すること自体は悪いことではないが、自分のことではないのに熱中するのと、冷静な判断ができなくなるほどに熱中するのは、いいこととは言えない。

英語・英語圏コンプレックス ～あこがれ～

こと英語に関して言えば、日本人が常識では考えられない意見や行動をとるのは、何と言っても、英語や英語圏(特にアメリカ)に対する強烈な「あこがれ」あるいは、コンプレックスがあるからだろう。

明治以来の舶来指向に加えて、太平洋戦争後、約六年にわたる連合軍(主に米軍)による日本占領、そして、今や世界唯一のパワーとなったアメリカの強烈な印象が日本人の心に焼き付けられてしまっている。

ハリウッド映画や音楽など、格好いいものはアメリカから来るというトレンドにとっぷりとつかっているために生じている、アメリカ礼賛症状はかなり深刻な度合いになっている。

戦後六十年も経って、若者たちはもうアメリカにはそんなにあこがれないのかと思うと、そうではない。私が教えている学生たちには根強く欧米、特にアメリカに対する思い入れがある。

将来、英語の教師になる確率の高い彼らに留学を勧めるとき、私はシンガポールあたりを勧

める。第二言語として、英語を共通語として扱う国情から、悩みながら英語を学び、英語を道具にしている国の方が、英米よりも我々日本人に参考になると思ってのことである。

しかし、ほとんどの学生は英米あるいはオーストラリアを留学先に選ぶ。大学で約三十年間教えていて、敢えて英米以外を選んだのは、フィリピンに留学した男子学生ただ一人と記憶している。ちなみに、彼は現在、公立の高校で教えている。

●韓国にも桑田佳祐はいるか

若者の強烈な英語ネイティブ指向を示すものとして、最近のJポップを考えざるを得ない。歌を歌う彼らの発音は、本来の日本語の発音ではないことが多い。英語のまねであるように思える。「最近の」と言ったが、もはや最近ではないサザンオールスターズの桑田佳祐あたりが、本格的な変化の始めのような気がする。

「あなた」という日本語もポップスでは「あなツァ」のように歌う。「らりるれろ」も［r］を使って発音する。

お笑い芸人などが、外国語のまねをする場合がある。フランス語なら鼻音と「ジュ」とか「ヴ」とかを入れることが多い。英語の物まねとなると、たいていの場合、［r］を多用する。日本人にとって英語の印象は［r］なのだと思う。

日本語で歌うときも［r］で味つけして、英語っぽさを出そうとする。それを初めてやったのが桑田佳祐かなと思う。若者たちは、自分のフィーリングを載せるリズム、メロディーとともに、英語っぽい発音までをも選んだ。

こんなところに、これだけ国際化されたと言われる日本社会においても、あるいは、そうであるからこそと言った方がいいかもしれないが、英語のネイティブへの強烈なあこがれから逃れられていないということが現れている。母語の発音の仕方まで変えてしまうのである。

私は、韓国や中国からの留学生に、桑田現象が彼らの国でもあるかどうか、何度か尋ねた。つまり、彼らの国でも若者が歌を歌うときに本来の韓国語や中国語の発音とわざと変えて歌うことがあるかどうかということである。答えは、残念ながら、人によって違った。そんなことはないという人と、あるという人がいた。ところが、あると答えた人も、それでは、あなたの国の桑田佳祐はだれかと問われると、例が出てこない。

時間があればこのことをもっと追求したいと思っているが、この項のポイントではない。ポイントは、母語の発音を変えてまで英語に近づけたいという強烈な思いを若者が持っているということである。

●英字新聞が尻に敷けない

学生時代の強烈な思い出として残っているのが、英字新聞事件(?・)である。大学時代に英語学習に目覚めた私は、いくつもの大学の友人とサークルを作って、英語の勉強をしていた。あるとき、このサークルで英語の勉強もかねて、ハイキングに出かけたのである。

昼時になって、お弁当を広げようという段になった。地面に新聞紙を敷いて、お昼にしようというわけである。ところがあいにく、日本語の新聞を持っていなかった。ハイキングといっても、英語の勉強を兼ねたものだったから、英字新聞は手元にある。

持っている英字新聞を隅から隅まで読むわけではない。広告やテレビ番組など読まないページも結構ある。そこで、私はそういったページを選んで、地面に敷こうとした。すると、サークルの女子大生の一人が、「それはまずいんじゃない。英字新聞だから」と言ったのである。

英字新聞でなければ尻に敷けるのに、畏れ多くも(?・)英字新聞様を尻に敷くとは何たることかというのである。面白い心理である。これなども、ある種の「あこがれ」を表しているように思える。

●語学教師のネイティブ・コンプレックス

英語教師が過度の「あこがれ」、「あがり」を生徒に無意識に与えていることも考えられる。

英語教師をはじめとする外国語教師は、それぞれのネイティブ・スピーカーにどうしても頭が上がらない。あちらは苦もなく、こちらの習っている言語をあやつる。こちらは微妙なニュアンスなどがなかなかわからないが、あちらは微妙なところも自然に使い分ける。

英語教師が仕事で海外に出るときはたいてい、習いにいくときと相場は決まっている。これに対し、技術者や科学者などは、教えるために海外に出ることがある。農業技術、工業技術など、あちらが教えを請う立場であることは珍しくない。

ひよこの雄雌を鑑定する人など、世界中から引っ張りだこである。学者でも日本関係の学者は海外からお呼びがかかる。私の大学の先輩教授も国文学を教えてくれとプラハの大学からお呼びがかかった。

教えに行く場合は、先生の英語が少しくらい訛っていようが、わかりにくかろうが、構わない。生徒の方に理解する努力が必要なだけである。

私が留学していたころ、留学先のスタンフォード大学哲学科には、ヒンティッカ (Jaakko Hintikka) という世界的な哲学者がいた。哲学科の学生に聞いたところによると、フィンラン

ド人で、この人の英語が大変にわかりにくかったそうである。内容も難しいのだから仕方がないと言えば言える。それを、学生たちは理解しようとして四苦八苦したそうである。

同じ留学時代、『狂気の歴史』、『監獄の誕生』などで知られるフランスの哲学者、ミシェル・フーコー(Michel Foucault)が講演にやってきた。私も聞きに行ったが、その英語のわかりにくいこと。典型的なフランス語訛りであった。もっとも、内容についての背景知識ゼロの私にとっては、全くチンプンカンプンだったのを覚えている。

一方、英語の教師は、海外、特に英語圏に英語を教えに行くということはほとんどあり得ない。カナダに英作文を教えに行った東大教授もいたが、例外中の例外と言える。

こうなってくると、どうしても英語教師の英語圏コンプレックスは容易にぬぐい去ることができない。そして、教師のコンプレックスなどというものは、じわじわと生徒に思わぬ影響を及ぼすものである。

●英語下手という思いこみ ～スポーツ選手の役割～

思いこみはどうやって形成されるか、というと、これはかなり難しい問題である。一つの原因、一つのソースということは考えにくい。

自分の体験でそう思う人もいるだろう。旅行に行って苦労した、仕事上で苦労している、な

どというものだ。しかし、そんなに多くの日本人が、英語を使った上で失敗体験をしてるようには思えない。

いろいろな折に目にする、日本人の英語使用によって、日本人自身がそう判断している部分も多いだろう。一般の人が目にする、そうした機会とはどんなものだろうか。私は案外多いのは、スポーツ選手の言動であるように思う。

このごろは、アメリカのメジャーリーグに行く日本人選手が増えた。今年(平成二十年)は広島カープの黒田投手がロサンジェルス・ドジャーズへ移籍するのが話題になった。契約金がなんと、三年で四十億円という。一年間に換算すれば、松坂大輔の十億円を抜いてしまった。

話題は、年俸の話ではない。黒田選手についてはわからないが、入団会見のときに英語を使うか使わないかで話題になる。ヤンキースの井川投手も、手のひらのカンニングペーパーを見ながらなんとか頑張った。

入団会見は別にしても、もう何年もメジャーでやっている人たちが、どのくらい英語ができるかがちょっと伝わってこない。

イチロー選手はかなりできるそうだが、テレビなどではなかなか彼の英語を聞くチャンスがない。日米野球で彼がアメリカ側の代表で来日(?)したとき、何人かの選手とともに記者会見に臨んだ。同席したヤンキースのジアンビ選手 (Jason Giambi) が冗談で、「イチローはメ

ジャーリーガーとして、ここに来ているんだから、英語で話さなけりゃだめだよ」と言うと、すかさずイチローが“Shut up, Jason.”(ジェイソン、だまれ)とやり返した。その発音もなかなかのもので、タイミングも見事であった。こんなところから見ると、彼の英語力はかなりのものだと思う。

だれがどうだと言うことはないが、スポーツ選手のインタビューというのは、一般の人が、日本人が英語を話すのに遭遇する代表的な機会ではないだろうか。

だから、ここで英語を使うか、通訳を使うか、どのくらいの英語を、どんな雰囲気で使うかが、日本人の英語力のイメージ形成にかなり重大な影響力を持っていると考えられる。他の国の選手たちは、割合英語を流暢に使うことが多い。しかし、それも種目に偏りがあるように思う。

フィギュア・スケートなどはコーチが外国人ということも多く、また、英語圏へ留学しているようなケースも多い。一九七九年ウィーンの世界選手権で銅メダルを取り、絵美スマイルで有名な渡部絵美さんは、十歳で留学しているので英語はうまいはず。母親はフィリピン人である。

スポーツのインタビューなど実際に放映される時間はほんの数秒、数十秒である。そのくらいの時間英語で話せれば、後の質疑応答は通訳つきでやっても、通常放映されるのは最初のほんのちょっとの部分だから、そこだけちゃんと英語でやれば、日本人の目にも、他の国や地域

の人の目にも、日本人は英語を話す人種だと映る。こうしたことで英語が苦手ではないイメージは作られる。

外国人力士の日本語上手

ついでに、日本にいる外国人がどの程度日本語ができるかに注意していれば、英語コンプレックスに少しは冷静に向き合える。

ただこの場合も、漠然とガイコクジンとして一括りで見るのではなく、その人の滞在期間や、母語などとの関係を考えながら見てみるとよいのでないだろうか。

一つの例は相撲取りである。このところ幕内には外国人力士が目白押しである。東西両横綱からしてモンゴル人ときている。今年(平成二十年)の五月場所の優勝は琴欧洲。言わずとしれたブルガリア出身である。

五月場所番付で幕内力士を見ると、両横綱、大関琴欧洲から下へ、安馬(モンゴル)、朝赤龍(モンゴル)、黒海(グルジア)、把瑠都(エストニア)、旭天鵬(モンゴル)、若ノ鵬(ロシア)、時天空(モンゴル)、露鵬(ロシア)、栃ノ心(グルジア)、白露山(ロシア)、白馬(モンゴル)と十四人もいる。

幕内力士は、五月場所現在で、東西合わせて四十二人だから、十四人となるとちょうど三分

の一。つまり、幕内力士の三人に一人は外国人力士ということになる。

さて、こんなに多い外国人力士だが、だいたい外国人力士は日本語がうまいことで知られている。あるいは、すぐうまくなることで有名である。『外国人力士はなぜ日本語がうまいのか』(宮崎里司)という本があるくらいである。宮崎先生は早稲田大学大学院の日本語教育の先生である。

本の内容を詳しく紹介しているスペースはないが、「なぜうまいか」の答えとしては、主に環境をあげている。女将さん、兄弟子、床山、相撲教習所など、絶えず日本語を使う環境にある。部屋のある地域の人々との交わりも無視できない。

メジャーリーグなどに高い契約金で行った野球選手などと比べると、お相撲さんの世界は下から這い上がっていかなければならない。また、部屋という集団の中で生きていかねばならないところが、野球とは大いに違う。いきなり幕内からスタートする、ということは考えられない。新弟子から何年もの間、兄弟子のお世話をしなければならない。ちゃんこ当番もこなさなければならない。そのためには料理はもとより、買い出しにも行かなければならない。食材の量が馬鹿にならないと思うので、どこのスーパーが今日は安いかなどの情報を得なければならない、等々、日本語ができないと生きていけない条件が、きっちりと(?・)備わっている。

お相撲さんは、日本語がうまくならねばならないようにできている。日本にいて、英語を

習っている日本人とは多いに事情が異なるのである。

宮崎先生は力士の日本語習得環境が恵まれたもののように位置づけられているように私には感じられるが、「恵まれた」環境とはこの場合、かなり厳しい環境だと思う。その厳しさ故に、彼らが日本語に短期間で上達するのだというところが、大切なポイントではないかと思う。

しかし、これだけいる外国人力士の中でも、インタビューなどを通じて判断するところ、おしなべてモンゴル出身者は上達が早いように思う。

それは、たぶん、日本語とモンゴル語との距離に原因がある。司馬遼太郎氏は大阪外国語学校(大阪外国語大学の前身、現在は大阪大学外国語学部)の蒙古語学科の出身である。氏の言葉を借りれば、モンゴル語は日本人にとってはいとも学びやすい言語だそうである。つまり、逆も真であろう。モンゴル人にとっても日本語は簡単な外国語の部類だろう。横綱白鵬などは、十五歳ぐらいから日本で生活していたこともあり、きわめて日本語が上手だ。

モンゴル勢に比べて、ロシア、グルジア、東欧系はやはり上達が遅いように思う。五月場所優勝の琴欧洲も白鵬ほどには日本語が流暢とは言えない。ただし、琴欧洲は十九歳で初土俵だから、日本に来た年齢の差の影響もあるかもしれない。

エストニア出身の把瑠都は、母語のエストニア語以外に、ロシア語、ドイツ語、英語なども達者だと聞く。しかし、高見盛、白露山と一緒に出たテレビコマーシャルで見る限りでは、あ

まり日本語がうまいという印象はない。ただ、彼も来日が二十歳と、琴欧洲より遅いので、そのせいもあるかもしれない。

最後にひとこと付け加えると、お相撲さんというのは、日本人でもあまり、滑舌良く流暢に話す人は少ない。言葉少なに、しかも、単純な語句を並べるだけということがよくある。そういう意味では、外国人力士にとってもある程度の運用力に達しやすいということも見逃してはいけないように思う。

参考文献　『外国人力士はなぜ日本語がうまいのか』宮崎里司、明治書院、二〇〇一年。

コミュニケーションは魔法の言葉 ～「空気」～

『やればできる』は魔法の合いことば」という文句に全国がしびれた。愛媛県済美高校、二〇〇四年春の選抜高校野球、初出場初優勝、しかも、創部三年という快挙を成し遂げて、日本中を驚かせた。創部三年での優勝は史上初だそうだ。

その済美高校の学園歌にあるフレーズに日本中が魅了された。ひところはやりになった。二十一世紀に入って、共学にしたときに作られた歌というだけあって、メロディーの方もいわゆる伝統校の校歌調ではなかったが、詞の方も現代語(?)で書かれていた。

高校野球で名の知れた伝統校というのは、校歌にも「栄えある」であるとか「学舎《まなびや》」である

とか、「集う若人」などという古めかしい言葉が並んでいる。それはそれで重みがあってよいということもあるのだが、済美高校の学園歌の新しい文言に新鮮さをみんなが感じたのだろう。

さて、今時の英語教育で言えば、「コミュニケーションは魔法の言葉」とでもいうことになるのではないか。学習指導要領に初めてコミュニケーションという言葉が入ったのは平成元年改訂のものからだった。

その作成に関係した人に聞いたが、この言葉を入れるのには大変な苦労があったようである。例えば、「意思疎通」など、日本語で同じことが言えるのなら、むやみにカタカナ語を入れるべきでないという意見があったそうである。それはそれで、理解できることではある。

「コミュニケーションと言われると、何かそれだけでいいことのように思ってしまうのです」、私のところへ、中学校から一年間派遣された長期研修生(長研生と呼ばれています)が、そう言った。これは、しかし、この長研生だけの例外ではないだろう。現代社会において、コミュニケーションというのがキーワードになることは間違いない。

問題は、コミュニケーションと言うと、何が何でもいいことのように思ってしまいがちであること、また、何か解決したような妙な気になってしまうという不思議な現象を引き起こしていることである。

コミュニケーションを成り立たせるための条件などについて考えなければいけないのに、コ

ミュニケーションと言った瞬間に物事が終わってしまうように感じてしまうことが問題なのである。

だいぶ前にも、学芸大附属中学で私が classroom communication という言葉を使ったら、英語の先生がいたく気に入ってくれて、「classroom communication なんてちょっといい感じですね」というようなことを言っていた。

このように、コミュニケーションというのは現代の魔法の言葉のような感じがする。何かコミュニケーションと言っただけでとにかく正しいことなのだ、好ましいことなのだというようなことが印象づけられてしまう。

戦後、「民主主義」と言っただけでだれもがその言葉に引き寄せられたり、その言葉にひれ伏したりしてしまう。まるで、水戸黄門の印籠のような働きがある。「コミュニケーション」という言葉もこれに似ている。

コミュニケーションのための英語教育。英語力ではなく、コミュニケーションの力(?)などというと、今までとは異なる何かすばらしいことが添加されるようなイメージを持ってしまう。が、コミュニケーション力と言い換えて、英語力と非常に異なることがあるのだろうか。

確かに、コミュニケーションは魔法の言葉なのかもしれない。しかし、私たちはこの魔法にかかっていた方がいいのだろうか。考えてみなければならない。

英語教育特有の問題　～英語教育だけの事情を言うと～

●教育産業

「～ではダメ」、「間違いだらけの～」、「～ではもう遅い」などは教育産業が人々をあおるために使う常套語句である。教育産業は消費者を教育へとあおらなければ商売が成り立たない。

そして、英語教育はおしなべて、高い関心を持たれる教育トピックであるので、英語教育に関するあおりはなかなかのものである。特に新しいトピックとなった小学校の英語活動は、あおりの恰好の材料になってきている。

教育産業全般にわたって、少子化は向かい風になっている。なにせマーケットの規模が小さくなっていってしまうのだから、彼らにとってはかなわないだろう。子どもの数が減ってきて、学校はもちろんのこと、教育産業はお客さんの奪い合いになっている。学校用の教材を提供している会社は、少子化の影響をもろに受けることになる。

こうした状況下で、教材屋さんは手詰まりの解消を小学校英語に求める。私は、中学校の検

定教科書の仕事を約十五年やった。始めたのは一九八〇年だったと思う。当時、中学校の英語検定教科書のシェア一位の会社の売り上げは二百万部を超えていたと記憶する。全体で六百万部ぐらいの需要があったはずである。しかし、現在、シェア一位はたぶん百七十万部ぐらいになっているし、全体が四百万部を切るぐらいに落ち込んでいる。少子化もこのようなところに影を落としているのである。

参考書も然りである。昔ならミリオンセラーという化け物のような参考書が存在した。しかし、競合会社も増え、また、英語を扱っていなかった出版社も英語参考書に参入するといった状況では、二十~三十万部を突破すれば場外ホームラン、十万部超えればクリーン・ヒットといった状態になってきている。

このような状況で、学校に新しい教科が増えるということになれば、それは大変なことである。ビジネスを広げる最大のチャンスになるからである。ことに、小学校となれば、六学年がかかわってくる。中学校では三学年しかない。

私のところにも、このごろ、頻繁にいろいろな出版社から連絡が入り、小学校英語はどのような扱いになるのか問い合わせてくる。中教審の専門部会の委員だからといって、文科省やその他の内部でどのような話し合い、打ち合わせが行われているかなど、わかろうはずがない。したがって、出版社が持っている以上の情報を提供することは全くできない状況である。

彼らが、情報を得ようとするだけで終わるわけがないことは容易に想像できる。生活がかかっているのである。手をこまねいて見ているだけの訳がない。あらゆる手を尽くして、新しい教科を学校に入れようと動くに決まっている。私が同じ立場なら、当然いろいろと画策するだろう。

小学校の英語活動についての一騒ぎには、こうした陰の力の存在を頭に入れて議論することが大切だろう。

●外野 ～市長、政治家、等々～

教育産業に留まらず、外野はいろいろな形で英語教育を利用しようとする。市町村や県の首長さんたちは選挙の道具に「国際化」を持ち出す。

国際化対応で選挙民受けするのが英語教育の強化である。それを売り物にして選挙を勝ち抜いた町長さん、市長さんは、「独自の英語教育を打ち出せ」などと教育委員会にご下命になる。教育委員会は校長に、校長は英語科にといったリレーゲームが始まる。

ある地域では、公立中学校の週三時間の授業時数はそのままにして、そのうち一時間は必ずALT（Assistant Language Teacher, 外国人の英語指導助手）を使えと言う。ここまではまだいいのだが、その一時間は検定教科書を使ってはいけないというのである。たぶん、検定教科書

では英語は身につかないといった考え方を漠然としているのではないのかなと思う。

週三時間と言っても、実質二・五時間以下である。生徒は習ったことをすぐに忘れてしまう。そこにもってきて、そのうちの一時間は他のことをやれと言うのでは、ほとんどなにも身につかない。せめて、ALTと授業をするときも教科書で習ったことを使うような時間にしてあげられたらいいと思うのに、である。英語教師は文字通り泣いている。これが英語教育の最前線である。教室を受け持つ英語教師に少しはましな仕事をさせる基盤を与えてやってほしい。

机上の空論では困るのである。ちょうど太平洋戦争で、大本営の参謀たちが地図をはじめとする基本的な情報もないのに机上の作戦を立てて、命令を下していたのと同じではないか。ガダルカナルで七百名の兵士がほんの短い時間で全滅した作戦を立案した大本営は、ガダルカナルがどこにあるかも知らず、地図も白地図しかなかったと言われている。現代でもこうした事情は変わらない。

もう十年近くも前になるが、小学校英語の導入が話題になり始めたころ、ある文部省(当時)のお役人が、「やる以上、教師の研修や教材をどうするかなどをちゃんとしてからと思うのだが、国会議員の先生方はそれ行けドンドンで攻めてこられて、本当に頭が痛くなる」とこぼしていたのを思い出す。

●マスコミ

マスコミは、次から次へと新しいトピックへと飛び跳ねていくものである。それはある程度はしかたがないだろう。

毎日、こう次から次へといろいろな事件が起こるのでは、一つのトピックをじっくり追いかけていくということも、なかなかできない相談なのかもしれない。記者やキャスターさんたちも、限られた人数でやっているのだから、じっくり型の取材に人が割けないのかもしれない。

したがって、どうしても、あることが起こった原因を深く掘り下げることができないでいる。今年(平成二十年)に入って、確か日本テレビが教育現場の問題点を一年間掘り下げて取材をし、問題解決の提案をしていくという方針を打ち出したように記憶している。こうしたことは大変重要な方針だと思う。

手始めに、公立学校の先生方の一日の生活を追いかけて取材していた。前にも似たものはあったと思うが、二十四時間追いかけたのはこれが初めてではないだろうか。これからも、具体的な現実を掘り下げるように報道してほしい。

マスコミについてもう一つ話を紹介すると、今年の我が大学の入学式のゲストスピーカーは元NHKの池上彰氏だった。なかなか面白い話をしてくれたが、その中で教員養成大学の入学

式ということを意識して下さったのだと思うが、マスコミの取材について触れて、「犬が人を咬んでもニュースにはならないが、人が犬を咬めばニュースになる。学校についての暗いニュースがたくさん流されるが、珍しいからニュースにされるのだ」、だからあまり学校に暗いイメージを持たずに良い先生になってほしいという趣旨だった。

学校を巡る暗い話題で、教員志望者が減る中にあって、大変ありがたいアドバイスである。マスコミも受け狙いばかりではなく、普通のことも報道してほしいものである。

●外国語習得の特性

英語教育についての議論、行動の加熱については、一般的な教育熱や英語に対するあこがれなどの他にもう一つ重要な要素を考えておかなければならない。外国語習得独特の性質である。

ゆとりの時間などで論争があるように、学校教育には、教え込むか、体験させるかのどちらかのモードしかないように考えがちである。

教科の「お勉強」となると、詰め込むというイメージで見られがちである。自分の頭で考えたり、課題を見いだしたりすることは、教科教育ではできないと考えられがちである。だから、今回(平成十九年)中教審が総合的学習を削って教科の教育へシフトしたことに関して、総合学

習支持派の人々は、「せっかく、自分の頭で考えるような流れを作れたと思っていたのに、また詰め込みになってしまう」といった趣旨で嘆いてみせる。

しかし、この話はおかしい。初めから教科教育だと、ものを考えさせないと決めてかかっている。どうしてそうなるのか。

英語は他教科と比べてかなり異なるところがある。このことをつくづく感じた経験がある。教育課程実施状況調査(以後、実施状況調査)という文科省の依頼のもとに国立教育政策研究所が行う全国テストがある。全国テストというと、昨年(平成十九年)四月から始まった小六、中三全員に行った学力調査を思い浮かべる人が多いが、実施状況調査の方は、全員に行うものではない。

このテスト、小学校と中学で各学年一万五千人をランダムに抽出して行うテストである。読んで字のごとく、教育課程がどの程度実施されているかを見るためのものである。言い換えれば、学習指導要領に盛られた内容がどのくらい実現されているかを調べる目的で行われる。

小学生は、国語、社会、理科、算数、中学生は、国語、社会、理科、数学と英語という教科について行われる。調査の実務は教科ごとの作業班で行われるのだが、この調査全体の方針を決める会議があった。私は英語の代表としてその会議に出席したのである。

文科省側は、調査の内容は、それぞれの学年で教えた事項に関してのみ行ってほしいという

方針を示した。さあ、これには私としては黙って従うわけにはいかない。英語は積み重ねが大事な教科である。現在進行形が中一で出てくるとして、それを中一で試してみるのは当然として、中二ではどのくらい定着度が増したかを見なければならない。受け身が中二で出てくるとしても、中三でも定着を試したい。それなのに、その学年で扱ったものだけをテストするというのでは困ってしまう。そこで、お願いをして「原則として、その学年で習ったこと」という逃げ道(?・)を作ってもらった。

他教科からは、そのようなリクエストはなかったので、各学年で扱ったもののみを試すということで大丈夫なのだということがわかった。他教科も、積み重ねという性質はあるだろうが、英語と比べるとそうでもないのかもしれない。例えば、理科だと電気分解が終われば気象をやったり、岩石のことを学んだ後は生物的なことを学んだりとして単元ごとで一応の完結を見るというタイプだから、それぞれの学年でやったことを押さえておくのがまず第一というのかもしれない。

各学年で「教えた」という「教えた」が、多くの教科では、教室で扱い、したがって、児童生徒が理解しているものと考えられる、というようなことを意味するのだろう。

ところが英語では、「教えた」というのは「導入した」ということを意味する。言い方を変えれば、「導入したから、したがって、生徒が理解しているとは必ずしも考えられず、これ以後の

学習で徐々に理解と定着を図らなければならない」ことを意味する。

教科により学習の考え方、「教えた」というイメージの仕方が違うのである。特に英語は、あまり多数派ではないことをよく理解してもらう必要がある。

●言語習得と学校教育

英語を学び、使えるようになることと、他のことを学ぶことは、イメージ的にかなり異なるものでありそうだ。

一九八〇年代に英語教育の分野ではちょっとした論争が巻き起こった。南カリフォルニア大学(当時)のクラッシェン(Stephen Krashen)という学者が、学習(learning)と習得(acquisition)という対立軸を出し、第二言語の場合、習得と学習は相容れない異なるプロセスであり、学習していても習得につながっていくことはない、という刺激的な考えを示したのである。

つまり、教室で「今日は、このような表現を学びましょうね」などと言われて、説明を受け、練習を行い、徐々に本物の会話のような活動をして、これを重ねていっても、ネイティブ・スピーカーが使っているのと同様には、使えるようにはならない、というのである。

これはかなり刺激的、挑戦的な考えで、その後いろいろな角度からかなり厳しく批判されることになった。しかし、クラッシェンの考え方のような性質の異なる二つの過程が英語学習に

介在しそうなことは、それ以前から現在に至るまで提出されている。

実際に真実はどうであるかはまだわからないが、繰り返し多くの研究者や教師によって、このような考え方が出されてきているということは、何かを覚えるような学習の仕方とは違ったプロセスがどうもありそうな感じがするのは事実だろう。

世間一般的にも、「外国語は勉強しようとしてはいけないんだ、使っているうちに慣れるようにすれば身につく」といった意見はよく耳にする。

しかし、クラッシェンのように、この二つが全く別ものであるかどうかは、意見が分かれるところだろう。事実、クラッシェン論争の時も、普通に学ぶことが、英語を身につけることへとつながっていくはずだという立場を取った学者もいる。

スポーツなどで考えても、頭で理解するという部分も必要そうであるが、体に覚え込ませるということもなくてはならないだろう。

積み重ねという言葉を使ったが、第二言語習得の習得つまりacquisitionという概念が、どれだけ学校における英語教育に当てはまるかどうかは議論の余地があるものの、クラッシェンの言うようなacquisitionとlearning的なちょっと性質の違った過程が関与していそうであるというところまでは正しいのではないだろうか。

クラッシェン流に両者が相容れないものであるかどうかは別にして、触れて、使っているう

ちに定着していくという過程はありうる。しかし、それが学校教育のモードとしては主流ではない。

学校ではどうしても、何か目標を決め、それを生徒にも伝え、意識的に学んで、それを憶えているか、理解しているかということを試すといったタイプの授業になる。もちろんこうした授業を違う流儀に変えることはできるのだが、そう簡単には変わらない。

参考文献　S. D. Krashen & T. D. Terrell（1983）*The Natural Approach: Language Acquisition in the Classroom*, Pergamon/Alemany.

●横並び発想

英語科が他の教科とその学習と定着において違いがあることはすでに述べた。他の教科もそれぞれに特色がある。美術や音楽と数学とでは当然、学習の仕方や評価の仕方に違いがある。体育と社会が異なるのは、教科内容以外にもいくらでもある。したがって、各教科の特色を考慮して教育課程を編むことは当然のことである。しかし、現実にはなかなかそうはいっていない。

週当たりの授業時数はそれぞれ違っているが、果たしてどの教科も五十分授業でよいのだろうか。理科実験を行う場合は五十分授業が二つつながっていた方がいいかもしれない。あるい

は、九十分授業の方がいいかもしれない。その他の教科についても、それぞれに適した時間の長さというものがある。

英語では英語力というものが一般的にも考えられるが、社会科に「社会力」というのはちょっと考えにくい。もちろんこのごろよくある、造語としてはありうるかもしれないが。例えば、授業力、鈍感力、人間力などという言葉が作られている。作りたくなる気持ちもわからないではないが、野放図にそのような「力」を作ってしまっては、実際に力というものが何なのかわからなくなってしまう。

ある学年で教えたことをテストするのは簡単なようだが、英語科の場合、そう簡単にはいかない。英語の授業で「教えたこと」とは一体何なのだろう。中間テストや期末テストで試験範囲などが示されるが、たいてい○課から△課までといった指定になる。

英語教師も生徒の時そうした指示を受けて、試験勉強したことだろう。だから、何の疑問もなく、こうした試験範囲を受け止めるが、○課から△課までで習ったことというのは実に多様なことなのである。大きく分けて、最低二つはある。

一つは、その課で扱われている英語の表現や文法ルール、語彙といった英語のメカニズムに関するもの、もう一つは、教科書に載っている題材である。

英語の教科書にはさまざまな題材が出てくる。酸性雨があると思えば、ボランティア活動が

あり、科学的な読み物もある。文学作品をやさしく書き下ろしたものもあればオチのあるスキットなどと、本当に多種多様である。

中間テストや期末テストではだいたい、こうした題材が出される。したがって、テストの準備としてはこうした題材の内容も確認しておくことが必要となる。もし、英語の表現、語彙、文法ルールといったもののみが「習ったもの」であるとするなら、テストでは教科書で扱った文章を使用する必要はないはずである。

もう一つ。英語では、中一に出てきたものはそれっきり三年を終わるまで出てこないということもありうるが、ごくごく基礎的なことは、繰り返し出てくる。出てこなくては教科書を編むことができない。例えば、英語の語順である。生徒にはこの「英語の語順」というものがそう簡単には身につかない。

語順は当然中一から出てくる。そして、それ以後、これを登場させることなく教科書を作ることはできない。先に述べた、教育課程の実施状況調査のように、その学年で習ったことに限定するということはどういうことを意味するのだろう。中一で初めて触れた英文の語順が中二であるいは中三でどのくらい定着したかを見ないと、英語では意味がない。

これを、中一だけの問題でしか扱えないのでは困ってしまう。中学では前に出てきていない文法ルールなどが新しく出てきて、説明などを受けないと理解もできなければ使えもしないと

いうような状況もありうるが、高校になると、なるほど新しいルールなどが出ることはあるが、中学で出たことが繰り返し出てくるのである。英語科にはこうした特徴がある。

英語について知っているというだけでなく、使えるようになるには初めて習った日から随分経たなければならない。時制など、時に関する表現の定着について調べた東京学芸大学英語教育学研究室の研究結果では、現在進行形は定着が早く、中一で導入されて中一が終わるころに、理解に関する限り八割方の正解が出るようになる。最も定着の遅いのは現在形で、大学生でも、正解率は理解に限っているが、六割程度である。現在形は中一の最初から入るので、大学生となると六年ほど経っていることとなる。それでも、六割しか正解率がない。使いこなせるとなるとこれよりずっと低い率になるだろう。英語学習とはこのようなものなのである。

この本の最初の方でも述べたように、導入されるだけなら、六年九年もやっているのに、という批判は当たっていようが、使えるようにならないというのは学校における英語教育の内容を考えると全く常識では考えられない期待なのである。この外国語(英語と言ってもいい)習得独特の性質についての無理解が、英語教育を巡る論議を非常識にしてしまう大きな要因となっている。

化学の元素記号表を覚えるように、あるいは歴史の年号を覚えるのと同じように、語彙を覚えてルールを覚えてしまえばしゃべれるようになると考えている人が多いようである。

教育現場にも問題 ～黒い重箱、赤い重箱～

こうした英語習得の特性を理解していないのは、世間一般はもとより、英語の先生の方にもいる。

一足先にコミュニケーションにシフトし始めた観のある中学英語教育でも、そしてオーラル・コミュニケーション、リーディング、ライティングなどの新科目の登場した高校英語教育でも、文法中心主義(?)からのシフトが徐々にだが始まりつつあるようである。

しかし、文法中心への批判が高じて、ついには「コミュニケーションの時代だから文法はいらない」などという奇妙な文法否定の議論まで目にするようになった。このことは前にも書いた。

そして「文法」に代わって、次に登場したのは、notion, function, コミュニケーション・ストラテジー (communication strategy)、リーディングのストラテジー、あるいはパラグラフ・ライティング (paragraph writing) であるとか、スキミング (skimming)、スキャニング (scanning)、あるいはトップダウン (top-down) の読みといった議論である。

どの議論や研究もそれなりに大切なものである。何より、英語能力を眺める上での視野が広がったことは好ましいことだと思う。

しかし、研究会などに出席してコミュニケーション・ストラテジーはいくつあるとか、いくつあらねばならないとか、この読み方はトップダウンではない、いやトップダウンだなどの議論を長々と聞くことがあると、熱心な先生方の真剣な議論ではあるのだが、一体それにどれほどの意味があるのかがわからなくなってくる。

ストラテジーのリストもなぜそれだけのストラテジーがあるのか、必要なのかについての理由がはっきりと示されていないことが多いような気がする。

トップダウンにしても、トップを得るにはどうしたらいいのかがはっきりしない。文章のタイトルから内容が想像できるではないかという意見を聞くと、わかったような気がするものの、そのタイトルを読んで意味を理解するのはボトムアップではないのかというつまらない疑問がおさえられない。文章のアウトラインだけザッと最初に目を通すのだと言われれば、それはいいと思うが、その「ザッと」目を通すときの読み方はボトムアップなのかなと思ってしまう。

いずれにせよ、ともすると議論だけが先行しがちで、いささかオタク的に過ぎる場合が多いなあと思ってしまうのは私だけの思い過ごしなのだろうか。

こうした細かい議論を聞いていると、「今まであまりに細かい文法書的知識の詰め込みが行われていた」という批判（実は英語教育界がすべて細かい文法書的なことばかりに熱中していたとも私には思えないが）が下敷きにあったとしても、今度は一転してストラテジー、ストラテジーと、ストラテジーに血道をあげるのは、いささか行き過ぎではないかという感じがする。

私がここで気になるのは、文法知識という「黒い重箱」の隅をつついていた（かもしれない）英語教育が、今度は、コミュニケーション・ストラテジーや読みのスキル、パラグラフ・ライティングなどの知識という、新しい「赤い重箱」の隅をつつき始めたのではないかということである。

問題は「重箱の隅をつつく」ということにある。文法にしても、またストラテジーにしても、それらを生徒に身につけさせる方法について工夫するのなら全く問題ないと思う。しかし、身につけさせる工夫をしているように見えて、実は文法についての講釈、ストラテジーについての講義に終始してしまっているような気がしてならないのである。

知り合いの大学教師は文法ばかりの英語授業が学生の興味を削いでしまっているという反省から、今度は英語の機能についての専門書を教科書に採用し、第一ページ目から順繰りに英語の機能について読解をさせていったそうである。その結果、学生たちは文法についての授業と

同様、立派に(?)退屈してしまったということである。

これなどはどう考えても私には当たり前だと思えるのである。私にとって当たり前でなかったのは、学生が退屈してしまったことについての、その大学教師の不思議そうな話しぶりの方であった。

ある高校の研究発表に際してコメントを頼まれて行って来た。テーマはリーディングだという。取り組みの中心は読みのストラテジー、つまり読み方を教えるという取り組みだった。この高校の以前の状態が、読み方を教えずもっぱら訳して終わりというものだったとすれば、読み方を教えるという取り組みはそれなりの価値のあるものである。

そうは思いつつも発表を聞いていて気になりだしたのは、生徒たちをまず「読む人(読まねばならない人)」にする工夫があまりなされていないということだった。読もうとしない人に読みのコツ(ストラテジーと言ってもよいが)などは無用の長物だろう。だから、生徒に読むコツを教える前に生徒を読む人にしなければならないのである。

今読んでいる文章を何のために読んでいるのか、読んでそれから一体何をするのかをはっきりと生徒に自覚させることが、リーディングの指導では一番大切だと私は思っている。

そうした工夫と並行して読みのコツも伝授していけば、生徒たちもコツをよりよく生かすことができるだろう。

●重箱の隅をつつきたくなるのは？

どうして重箱の隅をつつきたくなるのだろうか。どうしてそうなるのか考えてみた。まず思いつくのは、教育方法の問題だろう。つまり、レクチャー偏重ということがあるのではないだろうか。

レクチャーが主な教育方法である場合は、講義で一定の時間、例えば三十分、五十分という時間を持たせなければならない。重箱の隅っこでもつつかなければ、時間が持たないのかもしれない。

なぜなら、実際に行動(例えば、英語で話すとか英語の文章を読むとか)している最中に役に立つとされるコツとか方針とかいったものは、あまり細かくてはかえって邪魔になる。シンプルなものの方がよい。しかし、シンプルでは講釈が早く終わって時間が余ってしまうのである。

では、なぜレクチャーに傾いてしまうのだろうか。やはりそれは教育に対するイメージの問題ではないだろうかと思うのである。

学校は「知識の伝達の場」という位置づけが強く、自分で考えるための道具を生徒自ら習得していく場としての意識が希薄であるためではないだろうか。

そしてもう一つ、大きな原因はやはり、英語に対する日本人のニーズがあまり強くもなく、そして広範囲に及ばないことがあげられるのではないか。こう言うと、英語を非常に必要とする人は反発すると思うが、英語ができなくても、日々の生活に困らない日本人は多い。ニーズが強ければ、逆に実用に足りれば、あまり細かい作法などに走ることはない。戦国時代の剣法は、相手をとにかく倒せばよかった。しかし、江戸時代に入り、実際の合戦が実質なくなってみると、剣はただ相手を倒す手段ではなく、剣道として「道」になった。「道」になって悪いことはないのだが、実用性から来るおおらかさ、大雑把さは失われる。英語もただ通じる、使えるではダメで、作法にあっていなければならないとなると、英語教育評論家がたくさん出現するのではないかと思うのだが、読者諸氏はどのようにお感じになるだろうか

以上、英語教育のことになると、冷静に議論することができない原因を探ってみた。ここにあげてある原因ですべてが尽くされているとは到底思わない。しかも、この原因は複雑にからまり合っているだろう。その「からまり」を丁寧に解きほぐしていかなければならない。

参考文献　金谷憲「英語教育ひとりごと―こもんせんすで考える(5) 黒い重箱、赤い重箱」『現代英語教育』一九九七年九月号、三六―三七頁、研究社。

Part III

常識を取り戻すために

ここまで、英語教育の論議になると、なぜか常識が停止してしまうかを、例をあげて考えてきた。

それでは、こうした状況を解決して、よりよい英語学習(教育)環境を築くには、どうしたらよいだろうか。

この本を書く動機になっているのは、こんな現象が起きている、こんな現象が起きるのはなぜかを考えることであった。どうすればよいかを提案するのが本書の第一の目的ではない。

しかし、ここまできたからには、こうした社会現象に何らかの解決、あるいは改善をもたらすような、多少の提案を最後のパートでしてみてもよいのではないかと思う。

この最後のパートでは、このような趣旨で英語教育や英語学習の改善案について触れておくことにしたい。

自覚、整理、覚悟

もちろん、非常識状態をあおる勢力はある。教育産業がそうだし、行政の長が選挙に利用したりすることもある。場合によっては外国の圧力、つまり外圧もある。英語圏、特に英米にとって、英語は重要な貿易産品である。ある人に言わせると、イギリスにとって、英語は今や輸出産品の第四位だそうである。どのように計算して四位になるのかはわからないが、英語は、英語圏の国々にとって、確かに外貨を獲得するのに大きく貢献していることは間違いない。

英語教育のみならず、高等教育を自国の言葉でできていない国はたくさんある。大学の教科書はほとんどが英国産であるアフリカの国は多い。

経済制裁などと言うと専ら原料や工業製品、食料などを想像しがちだが、英語の出版物を禁輸にしてしまうと、高等教育の成り立たない国が出てきてしまう。そんな形の経済制裁もありうる。こうなってくると、経済制裁と言うより国際的教育制裁とでも言った方がよいかもしれない。

いずれにせよ、非常識な状況を利用してビジネスを行ったり、その他の利益をあげている人

や団体はいる。しかし、これも、非常識状態が存在するからであり、もし、消費者が冷静であれば、今ほどひどくはならないであろう。

小学校英語については、教育産業が大きな期待をかけて、新たなマーケット開拓へと、かなり動いたであろうことは想像に難くない。しかし、これも、彼らのあおりに呼応する消費者が多い、という現状に支えられている。ビジネス界はドライな判断をするところだから、売れると思ったら頑張るが、売れないものを敢えて世のため人のために作ったり、売ったりすることにはあまり熱心にはならないものである。

したがって、あおりに乗せられないためには、やはり非常識状態を直していくよりほかに方法はない。そして、その第一歩は、非常識状態にあることを自覚することから始まる。なぜ日本人は英語が話せないのかといった疑問について、「普段ほとんど使っていない言語が話せないのは当たり前でしょう」と言うと、聞いた人はハッと我に返る。次の瞬間、「どうしてそんなことに気づかなかったのだろう」と不思議がる。

昨年(平成十九年)の夏、甲子園の高校野球では、佐賀北高校が優勝した。公立高校としては十一年ぶりだそうである。しかも、この高校がいわゆる進学校であったことが話題となった。練習にも専用の野球場を持っておらず、他のクラブ活動との共用だった。アウトカウントやストライク、ボールなどのカウントの表示には、古い交通信号が使われていた。こうした環境で

も、甲子園での優勝を勝ち取った佐賀北ナインは、実に大きな夢を普通高校の野球部員や一般庶民に与えてくれた。

しかし、この佐賀北高校野球部といえども(と言っては失礼だが)、毎日三時間の練習をしているそうである。ひところ問題になったスポーツ特待生や、体育科などを持つ高校の野球部から見れば、たった三時間しか練習していないと映るだろうが、それでも、毎日三時間なのである。

前にも書いたように、公立中学校では、週三時間の英語授業なのである。一日三時間の練習でも少ないととられるのに、一週間で三時間、しかも、実際のところ、二・五時間以下という練習量で、言語を操るという複雑なことが身につかないと嘆くのは全くの非常識というものである。

まず第一は、この非常識状態にマインドコントロールされている状態から覚めることなのである。

二番目にやらなければいけないのは、目標、ニーズなどの整理だろう。

非常識状態になる大きな要因は、ニーズと教育方法のミスマッチであると、最近私は考えるようになった。

英語を習う人の中には、ごく簡単な決まり文句を使ってみたい、外国に行ったときにそれら

を使って買い物の一つもできれば楽しそうだ、レストランで注文でもできればいいなと思っている人は多い。

いわゆるformulaic（決まり文句）的使い方である。そうした人にとっては決まり文句以外のことが自由に言えるようになることは必要ではない。

しかし、もし、教育方法の方が、英語をふんだんに読ませ、それについて書かせたり、話させたりすることによって、ルールにしたがって自由に言葉が操れる(rule-governed)ことを目指すような、本格的なものであったら、ありがた迷惑だろう。

文法に対する態度が人によってきわめて違うのも、こうしたことに原因がある。（もちろん、文法の教え方にも原因はあるのだが。）決まり文句だけでいきたい人に、文法のことは無用の長物以外の何物でもない。

逆に、かなりの量の英文書類を読むとか、英語で専門的な内容についてのディスカッションができるようになりたいといった希望やニーズがある人もいる。その人たちに対して、決まり文句を繰り返し練習したり、お店屋さんごっこのようなロールプレイに終始するような教育方法ばかりでは、役に立たないし、飽き飽きしてしまうだろう。

文法構造を理解して、さまざまな文法構造が使いこなせるようにならなくては、大人の議論はできないし、文献を読んだり、論文を英語で書くなどということは夢のまた夢である。

英語教育を巡る非常識状態は、この「ニーズと教育方法のミスマッチ」から来ていることがきわめて多い。ある人は、文法ばかりやっているからしゃべれないのだと批判する。しかし、「しゃべれる」の内容はどのレベルなのかを明確にして議論しないことが多い。レベルをはっきりすると、文法学習批判は多くの場合、決まり文句程度のことを意味しているのではないだろうか。逆に口語表現によるロールプレイなど馬鹿馬鹿しいという批判は、少し高度なことを知りたい層によるものであるように思う。

中学生ぐらいでは、なかなか将来展望どころではないだろうから、この段階では基礎的な力を総合的な練習で培うようにして、高校、大学と、将来イメージが明らかになるにつれて、その人のニーズに合った教育内容を選択できるようにしなければならない。

小中学校は義務教育である。義務であると言っておきながら、そこに来ている児童生徒に、何の目的で英語を学んでいるかと聞くのはお門違いというものである。もし敢えてこのことを問えば、一番筋の通った答えは、義務教育のカリキュラムに組み込まれていて英語を学ばないというチョイスはないからであるというものだろう。小中学生に何のために英語を学ぶのかを問うようなアンケートがよく見られるが、聞いて悪いことはないにしても、正確な答えを期待するのは無理というものである。

国や学校という立場になれば、何の目的でどのような英語をどの程度まで教えるかを、決め

なければならない。どちらの場合も、税金など人様のお金を使っての事業だからである。

三番目は、覚悟を持って努力することである。個人であれば、もし、自分の目標がかなり高いものであれば、それなりの努力をしなければ、目標は達成できない。このことを自覚した上で努力をする覚悟を決めることである。

国や地方自治体などであれば、目標を高く設定した場合は、それに伴うコストを支払うこともはっきりと決意すべきである。コストを支払うのは国民、住民であるから、政府や地方自治体においては、国民、住民を説得して、負担増を受け入れてもらうようにするという決意をすることになる。

英語力をつけるために ～教育政策として～

教育政策として、もっと多くの日本人が英語をもっとうまく使えるようにするには、まず、相当の支出を伴うという覚悟が必要である。この覚悟なしに、政策としてはどうすればよいかということを「工夫」しようとするのはほとんど意味をなさない。

一九九七～一九九八年のTOEFLの国際比較において、日本が二十五のアジア諸国・地域中で最下位になったことが、英語政策論争が再燃するきっかけになったことは記憶にまだ新しいところである。

アジアだけではなく、世界全体で見ても、日本は百六十九ヵ国・地域中、百五十五位で後ろから数えた方がよほど早い。こうした状態を引き起こしている原因として、大谷泰照先生（滋賀県立大学教授）は二つの原因をあげている。一つは、言語的な距離、つまり、英語との血のつながりが近いか遠いかということである。二つ目は、英語教育政策の問題である。

第一番目の問題について、大谷先生は次のように述べておられる。

ＴＯＥＦＬ発足以来今日まで三十数年間、最も高い得点をあげている国は、一貫して、英語と同族の印欧語族の、とりわけ英語と近い関係にあるゲルマン語系の国々(オランダ、デンマーク、スウェーデン、ドイツなど)である。それに次ぐのがロマンス語系の国々(フランス、イタリア、スペインなど)で、さらに英語から遠ざかるにつれて、スラヴ語系、ギリシャ語系、イラン語系と、得点もその順に低くなる。

印欧語圏外で得点の高いのは、シンガポール、フィリピン、ケニア、ガーナなど、いずれもかつて英米の植民地経験国である。

反対に、欧米による植民地の経験もなく、しかも印欧語族とは無縁の国・地域(韓国、台湾、タイなど)は申し合わせたように得点が低い。日本もこのような国々の一つである。

このようにみると、学習者の母語と英語との間の言語的距離と、さらには欧米による植民地経験の有無が、ＴＯＥＦＬの結果に見事なほど鮮明に反映していることが理解できよう。

(『日本経済新聞』一九九九年九月十二日)

このような指摘を見ても、英語の使える日本人の数を増やす、あるいは、もっとよく使えるようにするためには、相当な覚悟をしてハンディを克服しなければならないことがわかるだろう。

言語政策の方も、大谷先生は韓国との比較で、熱の入れようは、明白に違っていると分析しておられる。日本で英語が必修科目という位置づけになったのはなんと、平成十年の学習指導要領改訂からである。それまでも、ほとんどの中学で英語は教えられてきたので事実上は必修科目だったのだが、制度上は選択科目だったのである。しかも、中学での英語の授業時数は低く抑えられている。

ハンディを克服するためには、よほどお金をかけ、時間をかけ、教師を増やし、対処していかなければならないのに、「とくに中学の外国語を縮小し続けてきた日本」(大谷泰照)は、やはり常識的に解決を図ろうとしてはいないと考えざるを得ない。

なぜ、覚悟ができないのか。パートⅠ、Ⅱで述べてきたように、英語学習、英語教育への関心は狂おしいばかりで、常軌を逸してしまうくらいだというのにである。

この原因はいくつも考えられるだろうが、私の考えつくのは次の二つである。一つは財政難、もう一つは学校教育への過重な仕事の押しつけである。

今となっては、お年寄りにまで健康保険の負担をしてもらわなければならないという時期に来てしまっている。年金も、今の若い世代がお年寄りになるころに、払えるかどうかがわからなくなっている。

このようなときに、学校教育の一教科に、これまでより相当大きな支出をするという決断

は、独裁国家ででもなければなかなかできないことだろうということは、容易に想像できる。

もう一つ、学校教育には、あれもこれもというようにいろいろな仕事が回ってくる。環境教育、人権教育、平和教育、徳育、食育、等々。そしてその反面、学校教育に時間をかけるのはやめようという動きがある。

お金はない、仕事は増える、学校教育に使う時間は減らそう、というのでは全く支離滅裂で、常識がストップしてしまっているとしか考えられない。

それでもなお英語のできる日本人を増やそうというなら、それなりの覚悟がいるということをまず述べたのである。

まず、お金を増やせと言っても、それはそんなに簡単なことではない。お金がかけられないのなら、お金のかけ方を考えるしかない。

学校教育の時間を減らそうというのは、人為的に止めることはできる。学校教育に任せる仕事を増やすのなら、時間は増やさなければならない。仕事の方も、少し整理する必要がある。環境教育、人権教育、平和教育、徳育、食育、みんな大切なことだが、のべつに増やすことはできない。以前からあったものに吸収できるものは吸収する、そうはいかないものは学校教育としてはあきらめる、などを考える必要がある。

以下に、私の考える英語教育政策案をあげておきたい。

政策提言

国の英語教育の目標を考える上で参考になるものとして、英語教育協議会（ＥＬＥＣ）が二〇〇〇年に作成したCrossroads Project 政策提言をここにあげておきたい。このプロジェクトの座長は私が務めた。実は先に述べたニーズと教育方法のミスマッチについて、頭の整理をしなければならないという思いから、このプロジェクトを立ち上げたのである。

このプロジェクトでは、英語教育の専門家、長年英語でビジネスを行い、英語教育に一家言のあるビジネスマン、国際交流のエキスパート、ＪＥＴプログラム（The Japan Exchange and Teaching Programme の略称で、日本語では「語学指導等を行う外国青年招致事業」。地方公共団体が総務省、外務省、文部科学省及び財団法人自治体国際化協会（CLAIR）と協力して実施している事業で、外国語教育の充実と地域レベルでの国際化の推進を目的として、昭和六十二年から実施されている）の実務を担当している自治体国際化協会の事務局長経験者など、六人のメンバーが五回のミーティングで、三時間ずつ、つまり十五時間、文字通りトイレにも行かずに、徹底討論した末に作成したものである。

このプロジェクトでは英語教育の国家目標を次のように整理した。

Ⅰ　英語教育の目標についての提言

日本人の英語力を高めるためには、国民全体の英語基礎力を確保することと、高度な英語力を必要とする人たちにとって必要なレベルを確保することの二つに分けて考えることが生産的である。

英語教育の目標についての提言

①　国民一般のレベルでは最低限、高校卒業時点までに現行の中学3年間で習う範囲の英語(英検3級程度)の定着を目指す。

②　仕事上、英語を必要とする人々には上記の基礎力を踏まえて、より高度な運用力を身につけるような教育を実現する。
(「高度な英語運用力」とは例えば、英検1級、TOEIC900点、TOEFL600点以上の英語力。)

国民一般のレベルで英語の基礎力が身につくようにすることは、さらに高い英語運用力を育成する上でも、また英語ができるかできないかによる階層差を作らないためにも重要である。

しかし、国民一般レベルの目標や問題点と、仕事上英語を大いに必要とする人のレベルでの目標や問題点を混同すると、往々にして国民一般に過重な教育目標を設定することになる。その結果、簡単な英語でも定着しないという結果を招く。これを避けなければ中学、高校における適切な英語教育は行われない。現状では、高校でもアルファベットの読み書きができない生徒がおり、大学生の多くにとって、耳から聞いてわかる英語は中二の半ばぐらいまでである。これは中学レベルの基礎力未定着を無視して、高校、大学と英語教育の内容を難しくしていく現在の英語教育カリキュラムが必然的に生み出している歪みであろう。

こうした二つのレベルの混同を避け、現実的な目標を立て、目標達成率を上げるような方策がとられなければならない。

ただし、ここで言う国民一般レベルの目標とは達成を期す最低目標であり、より高度な英語力をめざすことを妨げるものではない。

また、上記のように二つのレベルに分けて考えるのは、問題点を整理するためであって、国民を一般国民とエリートに分けて異なる教育を最初から与えようとするものではない。まず一般のレベルでの基礎力の定着を図った上で、それ以上の英語力育成をめざそうという考え方である。

さらにもう一点確認しておかなければならない。高校卒業までに中学で習う範囲の英語の定

着を図るということは、中学卒業時点で中学英語の定着が不可能であることを意味するものではない。したがって、この提案の趣旨は中学校英語教育の責任を軽くして、高校により多くの期待をかけるというものではない。重要なのは、「定着を図る」ということである。「英語を習った」というだけではなく国民一人一人が使いこなせるまでにするためには、中学校レベルの英語といえども、かなりの時間と努力を要する。したがって、中高が全力を上げてこのレベルの英語力定着をめざすということが、この目標設定の趣旨である。

以上のように目標を整理してみたわけである。大切なポイントは、二つである。①基礎力の確保と、特に英語を必要な人（必要となりそうな人）のための英語教育を分けるということ、②中学校英語の定着の重視、である。

基礎力とそれ以上では、目標値をはっきりさせること、定着では、どの程度の英語という問題に答えることとなる。

目標を整理したところで、この目標を達成するためにはどのような英語教育をすればよいかも提案している。少し長くなって恐縮だが、もう一度引用してみよう。

Ⅱ　目標達成のための提言

こうした二つのレベルに分けて目標を整理した上で、本プロジェクトでは目標達成のための最優先方策を以下のように提言する。

目標達成のための提言

Ⅰ　学校教育(大学を含む)についての最優先方策

① 国民一般レベル

中学校段階で特定学年に授業を集中して基礎定着の効率を上げる。

② 英語の高度な運用力を目指すレベル

国際的に活躍しうる人材を育成することを目標とする大学、学部、学科、専攻分野では必修科目の一定割合を英語で行うことを義務づける(あるいは奨励する)。

Ⅱ　学校外で行うべき最優先方策

国家公務員1種の全員、地方公務員上級の10パーセント程度に入省(入庁)時から10年以内に一定の高度な英語力(例えば、英検一級、TOEIC900点、TOEFL600点以上)に達することを義務づける。

●基礎力育成にリソースの集中的投下を！

国民一般のレベルでは高校卒業までに最低線として、中学校三年間で習う程度の英語の定着を図る。そのための方策として最優先されるべきことは中学校において英語授業の集中度を上げることである。

現行の教育課程で、公立中学校では必修週三時間プラス希望者には選択科目として一〜二時間の英語授業を行うことになっている。選択科目を一つ採って週四時間としても、学校行事、祝日などの関係から実際に行える授業頻度は週三・五時間内外である。週七日で考えると一日おきということになる。次の授業までに習ったことを忘れ、また新しいことを習っては次の授業までにまた忘れるといったことの繰り返しになってしまいがちである。中学の基礎英語さえ多くの生徒に定着しない現状は、このような中で生まれているのである。

そこで、授業密度を上げる一番簡単な方法は、授業時間を増やして英語に触れる量や回数を多くすることである。例えば、中一は週八時間、中二、中三では週五時間程度にすればかなり効果が期待できる。英語力を向上させることが日本人にとっての重要課題だとすれば、これは最も常識的な解決方策といえよう。

しかし、他教科との関係などで授業時間増がかなわないとしたら、三年間にならして行って

いる授業を特定の学年に厚く割り当てて集中度を増す方法で学習効率を上げることが考えられる。週四時間とすると三年間では四百二十時間が予定されるから、例えばそのうちの半分二百十時間を中学一年に配当すると、週当たり六時間を確保することができる。週五日制が完全実施されることを考えると、学校では英語を毎日一時間、そして週一日は二時間教えることができる。中二、中三では年間百五時間、週当たりでは三時間ということになる。

また、中二から英語を始めるなら、四百二十時間のうち二百八十時間を初年度(つまり中二)にあてると週八時間、残りの百四十時間を次年度(三年)に配当すると週四時間の授業になる。

国民一般レベルでの英語基礎力の確保には、教育用のリソース(教員、教材、授業時間など)を集中投入することが効率的である。多くの生徒を対象とするとき、長期間にわたって間歇的に授業を行っても基礎英語の定着は図れない。この意味では小学校への本格的英語教育の導入は、「リソースの集中投入」に逆行することにもなりかねないので慎重に検討されることが望ましい。授業の集中ということはこれまであまり提案されていないが、生徒の言語習得プロセスの実状を踏まえた対策を講じる上では、大変に重要なポイントである。

●より高度な英語力養成にはニーズの先取りを!

日本人にとって英語は外国語である。第二言語ではない。したがって、日本国内にいる限り、

そして、英語を使用する仕事に就かない限り、英語なしでも暮らしてゆけるのである。

しかし、ひとたび社会人として国際的なつながりをもつ職を得た場合、高いレベルの英語のニーズがいきなり生ずる。この「いきなり生ずるニーズ」に見合うような英語力を身につけるには、本格的必要性が生じる前に小規模であってもリハーサル的ニーズを生じせしめることが肝要である。

大学(大学院を含む)においては、英語を必要とする職場への人材育成を目指す専門領域の学生には必修科目の一定割合を英語で履修させることによって、上記のリハーサル的小規模ニーズを与えることができる。

基礎力を定着させた後、将来的に英語を使って働く可能性の高い生徒には、大学で一定割合の科目を英語で履修しなければならないという事態が待ちうけていることになる。したがって、こうした生徒たちは、大学で英語による教育を受けられるだけの英語力(例えばＴＯＥＦＬで最低５００点、望ましくは５５０点以上)を大学入学時までにつけておく必要性が出てくる。高校の英語教育は前述の基礎力定着とともに、こうした生徒のニーズに応えることを迫られる。また、大学側も入学時に英語力が足りない学生には足りない分の英語力を補塡するような英語教育プログラムを用意することが必要となる。

また、この提案は大学における教育(英語教育ではない)を変化させることにもなる。国際関

係、情報関連、先端科学技術などの専攻領域では英語で講義演習ができるスタッフも必ずいるので、そうしたスタッフが英語による授業を担当する。このことは大学の国際化にも貢献することとなる。大学の国際競争力を高めるための一つの方策は、国籍にこだわらず海外からも優秀な研究者、教育者を集めることである。英語で授業が行えるようにすることは優秀なスタッフを集めるのにも役立つ。また、英語で授業を行うようになることは、海外からの留学生を広く集めるのにも役立ち、大学の国際化推進の一助にもなる。

この提言の重要な点は、専門領域それぞれにおいて、こうした教育改革を行うことである。大学で学部学科にこだわらず一様に授業を英語で行うのでは効果が薄い。英語の将来的ニーズを予測できる専攻分野の学生に対して重点的に行うというのがポイントの第一、そして、英語を教えるのではなく英語で専門を教えることがポイントの第二である。

●公務員に対しては第二公用語化!

国家公務員一種、地方公務員上級職あるいはそれと同等の公務員には入省(入庁)十年以内に高度な英語運用力(例えば、英検一級、TOEIC900点、TOEFL600点以上)を身につけることを義務づける。

これはもとより公務員をエリートとして優遇するという趣旨ではない。公益を担う立場にあ

る上級職の公務員には高度な英語力を有する必要性がある。しかし、公務員には市場原理による強制力が働きにくい。そのため公務員への英語力強化を義務づける必要がある。この義務づけが国全体における英語の役割を変えていくための呼び水になることを期待するものである。

ここで示した英語教育の方針は、基礎力定着のためには集中した教育(学習)、基礎以上の力を求める場合は、大学や学部等の単位で英語で学ぶ部分を作るということが骨子になる。

集中授業については、このプロジェクトの提言を受けて、東京学芸大学附属世田谷中学校で二〇〇三年より、6—3—3システムを実験的に実施している。

このシステムでは、中学校の一年生に週六時間、二、三年生には週三時間の英語授業を行う。中一で授業を集中して行うことによって、英語力のコアを作ろうとするものである。今年で六年目に入っている。

これまでの成果については参考文献を参照されたい。

参考文献　金谷憲、淡路佳昌、太田洋、小菅敦子、日臺滋之、神白哲史「特定学年集中型カリキュラム：6—3—3システムの試み」『英語教育』二〇〇七年十月増刊号、大修館書店。

Ⅲ　英語教育体系の全体イメージ

以上の政策提言の背景をなす英語教育の体系をまとめてみると、中高大そして社会人を通しての全体像は以下のようになる。

英語教育体系全体イメージ

① 国民全体に対しては、実効性の高い基礎英語教育を中学で実施し、高校卒業時点までに高校生全員がこれを習得することを目標とする。

② 英語を必要とする社会人に高度の英語力を付与するために、大学での英語による一定割合の講義を義務づける。また、公務員の資格として、一定の英語力を求める。

③ 高校での英語教育では、基礎英語が習得できていない生徒については、基礎英語を習得するまで必修、それ以外の生徒については、基礎英語以降の英語は選択履修とする。一定割合の講義が英語で行われる大学・専攻に進学することを目指す高校生は、英語の講義が理解できるようになるための特別の教育課程を選択履修できるようにする。

これがいわば、常識に基づく英語教育政策の提案なのである。まことに平凡なものであるが、常識に基づけば自ずと地味なものになる。そして、それはそれでよいのである。

しかし、この平凡な教育を実行すれば、取り敢えず、日本人がそんなに英語コンプレックスにさいなまれないでもいいようなレベルにはなるはずである。

参考文献　金谷憲「ＥＬＥＣ英語教育政策提言―実現可能な英語教育改革を目指して」『英語展望』二〇〇一年、二―五頁、英語教育協議会(ＥＬＥＣ)

提言そのものは、ＥＬＥＣホームページ(http://www.elec.or.jp)から Crossroads Project (http://www.elec.or.jp/teacher/teacher06.html)へ。

苦手イメージを払拭するために

●マスコミの役割

その他、少し細かくなるが、やってみておいた方がいいことをいくつか提案しておきたい。

日本人の英語コンプレックス解消については、マスコミも貢献できるのではないか。このごろ、そうした動きも出てきているので期待はしたい。

負けているのに勝った、勝ったという「大本営発表」では駄目だが、とにかく、「ダメだ、ダメだ」というイメージばかりを増幅するのはやめて、英語を使ってちゃんと仕事をしているたくさんの日本人もいることをいろいろな機会をとらえて、国民に伝えて下さるとよいのではないだろうか。

特に、テレビの役割が大きいように思う。外国人との対談番組が英語でやられている場合、日本人の参加者が英語で意見を述べたり、質問をしたりする姿をなるべく見せてほしい。

インタビューで日本人は日本語で行い、相手の英語に日本語の翻訳をかぶせるような扱いを

できる限りやめてみてはどうだろう。

今年（平成二十年）の正月のＮＨＫの番組で、宇宙飛行士の毛利衛さんとＮＡＳＡ（アメリカ航空宇宙局）ゴダード宇宙研究所所長のジェームズ・ハンセン博士（James Hansen）との、地球温暖化などについての対談があった。ここでも、毛利さんは日本語で話し、ハンセン博士の部分は日本語のナレーションをかぶせていたと思う。いろいろな事情もあろうが、お二人に英語で話し合ってもらって、日本語の字幕を出すなどの演出をすれば、毛利さんの英語が全国に流れるはずなのである。

ノーベル物理学賞受賞者の小柴昌俊東大名誉教授が、海外の学者とともにラウンドテーブルでディスカッションをする様はテレビで放映されたが、その中で小柴先生が達者な英語で他の参加者の発言の間違いなどを正す姿は、英語ということだけではなく、日本人としての誇りを感じたものである。

最近では、星出彰彦さんがスペースシャトルに乗り込んで、宇宙ステーション「きぼう」を作る活動を行ったが、その時、彼の流暢な英語が宇宙空間から送られてきた。彼は小さいときにはアメリカにいたことがあるが、中高大は日本で学校教育を受けている。

毛利さんを始め、宇宙飛行士が増えて、宇宙での活動の報道がされると、日本人の英語苦手イメージも変わっていくのではないかと期待する。

このごろは、ＮＨＫの『英語でしゃべらナイト』など、テレビ番組で日本人が英語をしゃべるのを見せるような試みもされてきている。是非こうしたことは続けてほしいと思う。

事実を伝えるというマスコミの使命から言っても、許される範囲の演出をして、もう少し英語のできる日本人の英語に触れる機会を作ってくれると、かなりイメージが変わると思う。

頑張れスポーツ選手 ～英語勝利宣言で苦手イメージを拭おう～

はにかみ王子、石川遼君もプロ転向。海外でもプレイするということで、英語で挨拶などをしているが、なかなかの発音だったのを記憶していらっしゃる読者も多いと思う。

女子プロゴルファー賞金一位の上田桃子さんも、今年(平成二十年)からはアメリカでもっとプレーするそうである。アメリカでやるからには英語を、ということで勉強中ということを記者会見でも発表した。記者の求めに応じて英語でちょっとした抱負を披露していた。なかなかのものである。

サッカーの中田英寿選手、野球の長谷川滋利選手など外国語に強いスポーツ選手も数多くいる。長谷川選手は英語学習についての本すら出している。こうした人たちの英語による言動をもっと自然な形で取り入れるべきだろう。

中田選手のイタリア語はいつも感心して聞いていた。イタリアのチームからイギリスに移っ

たら今度は流暢な英語で、「英語はまだあまりうまくないのだけれど」などと記者会見で発言しているのを見ると、「カッコいいなあ」と思ってしまう。

もちろんこうしたことができるのは、たぶん個人教授などで、練習を怠らなかったからだろう。海外のプロチームで活躍しようとしたら、その国の言葉を猛烈に練習するのは常識だろう。一流のプロ選手ならそれなりのギャラをもらうのだから、個人専用のトレーナーを雇うのと同じように、一流の教師を雇って、言語の特訓も受けるべきだろう。

また、国際試合に選手を送り出す団体は、英語で勝利会見ぐらいできるようなレッスンをすることは当然ではないだろうか。

質疑応答まで英語でうまくやれるようになれとは言わない。短い勝利者コメントぐらいは、毎日十分も練習していれば、必ず言えるようになるはずである。勝利者インタビューを毎日練習するのは、それ自体好ましいイメージトレーニングになるはずである。

英語のコメントの後、質疑応答が通訳つきになったとしても、日本のメディアも外国のメディアも、最初の英語のコメントの部分しか取り上げないだろうから、世界中に、日本人スポーツ選手の英語によるコメントが流れることになる。それを見る日本人の英語に対するイメージも徐々に変わっていくことは、大いにありうることである。

努力は裏切らない

以上、国や学校が設定すべき目標について、ＥＬＥＣの提言を軸に英語教育改善策の一端と苦手イメージを払拭するのに役立ちそうなアイディアを示してみた。

個人に戻ろう。最初にお断りしたとおり、個人の目標と言っても、小学生や中学生にそれを求めるのは少し時期的に早すぎる。高校、大学、社会人となれば、どのくらい自分にとって英語が必要になるかということはだんだんと見えてくる。

必要に応じて、英語の勉強をすべきである。時々行く海外旅行で用が足りるぐらいでよいというのなら、そんなに長時間を勉強に費やすこともなさそうである。もちろん、ここではごく簡単なレベルでのことを言っているのである。旅行であっても、海外で人と親しくなるとか、大変に難しい状況に陥って英語でそれを説明して問題の解決を図るとかなら、それは、薄い旅行用の英会話ハンドブックの範囲を出てしまう。

社会人で、会社の会議はすべて英語となれば、当然必要とされる英語のレベルも「日常会話」程度ではすまなくなる。仕事のことをちゃんと説明できなければならないし、議論もできなけ

ればならない。会議で決定したことを誤解していれば仕事に差し障りが出てきてしまう。

個人のレベルでは、自分の必要とするような英語教育が得られるかどうかを、必要度とその内容によって適切に選択していかなければならない。簡単な旅行英語を身につけたいのに、論文購読や、ディベート、ディスカッションのコースを採っても、満足は得られない。その逆に、学会誌に論文を書かなければいけない人が、日常会話のクラスに入っていても、意味がない。

しかし一旦、適切なコースを選択したら、それなりに努力をしなければならない。このことは覚悟した方がよい。古来、努力しないで成功する法などは、そんじょそこらに転がってはいない。努力しないで成功する法を発見する「努力」をするくらいなら、頑張って勉強してしまう方がよほど手っ取り早い。

昨今は、一生懸命に努力することをどこか軽視するような風潮がある。困ったことである。何も英語学習に限ったことではない。

そのくせ、スポーツや音楽などにはやたら感動する。けれども、我々が感動をしているスポーツにしても芸術にしても、やはり、努力の結果、磨かれた技術(art)が感動を与えているのである。

野球ならイチロー選手にしても松井選手にしても、スケートなら真央ちゃんも、ゴルフなら愛ちゃんも桜ちゃんも皆、人気者だが、彼らが驚くべき努力をした結果が彼らを人気者にして

いることを忘れてはいけない。

昔から語学はコツコツ努力する人に向くと言われているではないか。時代が変わったからといって語学学習の本質は変わらない。何とか努力しないでペラペラになりたいという願望が我々の目を曇らせてしまうことは多々あるが、いい加減そのような虫のいい話には別れを告げた方がいい。

外国語学習においては、努力がポイントであることを、我々にもう一度気づかせてくれる話を引用したい。再び司馬遼太郎氏の登場である。氏の対談集の中に、作家の井上ひさし氏との次のような話がある。少し長くなるが、外国語学習における努力の大切さがはっきりと現れている箇所なので引用させていただく。

井上　ぼくにも似たような経験があります。中国から大勢の留学生がまいりますが、身元引受人がいないと日本の学校には入れません。そこで友人に頼まれて三回ばかり身元引受人になったことがあります。

三人とも女性ですが、最初の人に字引を一冊あげた。一年半後に「今度こういう大学を受験します」といって訪ねてくると、ぼくのあげた辞書がハンドバッグに入れてあって、それが表紙が取れてフニャフニャになっている。この人はすごい勉強家だなと思ったら、

無事、大学に受かりました。

　この人は特別努力家なんだと思っていたら、次のお嬢さんも同じなんです。働いて生活費を稼ぎながら、徹底的に勉強する。この人も辞書を引きつぶしているんですね。

　そして一年ほど前に三人目の人が来たんですが、この人もやっぱり辞書を引きつぶしている。一人だったら特殊例といえますけれども、くる人くる人みんなが辞書を一年から二年で引きつぶして、バラバラにしているんですね。ああ、国じゅうが沸き立って何かの目標へ突っ走って進んでいるときには、一人一人の若い女性がこれほど勉強するのか、と思って感動しました。

　ひるがえってぼくの周りを見ると、それほど勉強している大学生はまずいない。十年後、二十年後にこの一人一人の力がどういう風に中国を変え、日本がどうなっているかを考えると、余計な心配かもしれませんが、心もとない感じがするんですね。

司馬　勃興期の国というのはえらいものですね。
　明治の日本でも、土木工学の最初の日本人教授になった古市公威は、フランスに五年間留学していたとき、ものすごい勉強をしたらしいです。そのノートが今でも東大の土木工学科に残っているそうですが、そのときの下宿のおばさんが、「あなた、少し休まないと体をこわしますよ」と言ったら、「ぼくが一日休むと日本は一日遅れます」と答えたという

(笑)。辞書をボロボロにした中国の女子学生と同じですね。こういう経験をヨーロッパ人は経験したのかどうか。あるいは、アジア人の特徴かもしれませんが。

井上 それが、そうでもないようです。政治活動をしてハーバードの大学院を追い出されたアメリカの青年が日本へやってきたとき、たまたま京都産業大学がロシア語の教師を募集していたんです。彼は日本語は全然できないんですが、「一ヶ月半待ってください。新学期のときにはしゃべれるようになってきます」と言って、応募した。京産大の人は呆然です。ところが彼はいきなり韓国へ行ってしまった。韓国は日本の植民地時代にどうしても日本語を勉強しなければならなかったので、方法論として日本語を教える技術があると見て、ソウルの日本語学院の住み込み掃除夫になったんです。そして昼は掃除をしながら授業を聞き、夜も勉強します。一ヶ月半後、京産大の人たちが忘れたころに颯爽とやってきて、日本語で「おはようございます」(笑)。

この人の辞書がやっぱり同じですね。いつも辞書を持っていて、食事の時も移動のときも離さない。だから表紙は剝がれ、頁はめくれ上がって、全体にフニャフニャです。この人はユダヤ人ですが、依るべきものは知識だけという迫力が伝わってきました。

ぼくら日本人は恥ずかしがり屋だから語学が苦手だとか何とか勿体つけていますけれども……。

司馬　単にわれわれは努力が足りないんですね。そういえば、オーストラリアの日本語を選択した学生がやっぱり似たようなことをやっている。それを「あなたたちは才能がある」と言っているのは日本人だけですな（笑）。

井上　イチロー君とか野茂君とか、若い世代にもすごい人たちが出てきましたけれども、どうもぼくらの記憶にある日本人の姿と、ぼくも含めたいまの日本人と比べると、のんびりしているというか、緊張がないというのか、不安になってきますね。

（司馬遼太郎『宗教と日本人』司馬遼太郎対話選集8、文春文庫、二〇〇六年、一二八―一三一頁）

帳尻の合わない発想はやめにしよう 〜むすび〜

もうそろそろ、帳尻の合わない発想はやめにしよう。

個人でも、国やその他の組織でも、コストを支払わずに、利益だけ得ようとするのは無理な話である、ということを心にはっきりと刻むことが大切である。

高い目標に到達しようと思えば、それだけの努力をしなければならない。目標達成に見合うコストを支払わなければならない。

英語教育、英語学習でも同じである。

まず、自分の、あるいは国の目標を設定する。それから、その目標に見合ったコストの計算をする。そして、そのコストを支払う覚悟をする。覚悟したら突き進むしかない。

「覚悟」というと何やら悲壮に響くが、目標によっては、大それた覚悟は不要である。個人として自分の英語学習の目標が、いろいろな挨拶を十個使えるようになるというのなら、一ヵ月もあれば絶対に達成できるだろう。旅行の決まり文句を百個覚える、という目標なら、どんなにペースが遅くてもおそらく一年以内には達成できるだろう。

したがって、本格的に覚悟が必要なのは、目標が、英語でスピーチをするとか、丁々発止の

ディスカッションをするといったレベルになった場合である。このような目標は一ヵ月や一年ではなかなか達成されないだろうから、覚悟を決める必要が出てくる。

国やその他の組織が、高いレベルの目標を国民や組織のメンバーに課すのなら、それなりのお金、時間、人手などをかける覚悟をすべきである。予算はつけない、時間は増やさない、もちろん人手も増やさないでは、帳尻が合わない。

この場合、帳尻を合わせるには常識的には二つの方法しかない。コストを支払う覚悟を決めるか、目標のレベルを下げるかである。どちらも嫌なので、何とかどちらも実現するようなことを謳った文書を作成して、お茶を濁すようなまねはもうやめにした方がいい。

最後にもう一度言いたい。もうそろそろ、帳尻の合わない発想はやめにしよう。

《著者紹介》

金谷　憲（かなたに・けん）

1948年、東京生まれ。東京大学大学院博士課程単位取得退学。スタンフォード大学博士課程単位取得退学。現在、東京学芸大学教授。関東甲信越英語教育学会会長、全国英語教育学会会長、中教審外国語専門部会委員などを歴任。

英語教育の研究と実践、特に英語教育現場での実証研究と、実践における具体的な指導法の提案を精力的に行う。また、さまざまな教員研修の講師として、全国を回る。

編集を担当したシリーズに、『英語教師の四十八手』（全8巻、研究社）、『英語教育研究リサーチ・デザインシリーズ（1〜8）』（発行：河源社、発売：桐原書店）、ビデオ・DVD『英語授業の実践指導事例集（Part 1〜5）』（ジャパンライム）など。主な著書に、『英語授業改善のための処方箋』（大修館書店）、『英語力はどのように伸びてゆくか』（共著、大修館書店）、『和訳先渡し授業の試み』（共著、三省堂）など。1986年より3年間 NHK『テレビ英語会話 I』講師、1994年より3年間 NHK ラジオ『基礎英語2』監修者。

英語《えいご》教育熱《きょういくねつ》
—過熱心理《かねつしんり》を常識《じょうしき》で冷《さ》ます—

2008年11月30日　初版発行

著　者　金《かな》谷《たに》　憲《けん》
発行者　関戸雅男
印刷所　研究社印刷株式会社

KENKYUSHA
〈検印省略〉

発行所　株式会社　研究社
http://www.kenkyusha.co.jp/
〒102-8152
東京都千代田区富士見 2-11-3
電話　（編集）03(3288)7711（代）
　　　（営業）03(3288)7777（代）
振替　00150-9-26710

装丁：吉崎克美

ISBN978-4-327-41069-8　C1082　Printed in Japan